きちんと伝わる！
センスのよい
文章の書き方

赤羽博之

日本能率協会マネジメントセンター

> まえがき　「この方法で、あなたも文章力をアップできる！」

「書ける人」は、なぜ何でも書けるのか？

あなたの先輩や上司のなかに、こんな人はいませんか？

メール、企画書、報告書、議事録、プレゼン資料などビジネス文書はもちろん、SNSやブログでの情報発信、あるいは提出する書類に添える付箋のメッセージに至るまで、センスのよい文章が速く書ける——。

社会に出てある程度キャリアを積まれた方なら、1人2人と思い当たることでしょう。こうした「書ける」先輩・上司は周囲の信頼も厚く、「仕事ができる人」と評価されているケースが多いはずです。

では、「書ける人」はなぜ種類を問わず、書けるのでしょう？

ひとことで言えば、センスのよい文章を速く書くために必要な「具体的な方法」を身に付けているから。決して「文才があるから」ではないのです。

こうした「書ける」先輩・上司とご自身とを比較されて、「あの人たちには、どうやっても勝てない……」と、半ばあきらめてしまっているかもしれませんね。

でも、ご安心ください！

この本は、そんなあなたをイメージしながら、今日からお役に立つ内容をお届けできるように作りました。「書ける」先輩・上司と同じように「書くために必要な具体的な方法」を身に付け、的確な文章を速く書けるようになっていただくお手伝いをしていきます。

センスのよい文章の正体とは？

この本のテーマは、「センスのよい文章」を「速く書く」こと。「速く書く」についてはとくに説明もいらないと思いますが、「センスのよい文章」とは、いったいどんなものでしょう。

たとえば、ファッションのセンス、仕事のセンス、ユーモアのセンス……。共通するのは、センスの良しあしを「相手」が評価することですね。「私のファッションセンスは抜群です！」などと発言する人がいても、お付き合いしたいとは思えません。
　文章も同じです。「私はセンスのよい文章が書けます」と言う人がいたとしても、「何を根拠に？」と突っ込みたくなるでしょう。センスの良しあしを感じ、評価するのは読み手だからです。
　私はこう考えています。

　センスのよい文章とは、読み手が心地よく感じる文章。

　さらに一歩踏み込めば、ストレスなく読めて、一読で理解できる文章。相手への気遣いにあふれ、読むと行動を起こしたくなるような文章——。いろいろな言葉が浮かびますが、「読み手に心地よさを感じてもらう」ためには、次の３つがどうしても外せません。

　・読みやすい
　・分かりやすい
　・読みたくなる

　このシンプルな３つの要素をどうすれば実現できるのか？　この本では具体的な例文をご覧いただきながら、できるだけ詳しく、丁寧にお伝えしていきます。

「読書」をせずに、文章力をアップさせる方法
　最後に私自身について"白状"しておきましょう。
　中学・高校時代にしっかり文法の勉強をしたり、大学で国文学を学んだり、あるいは就活で敬語の使い方を身に付けたりという経験が、私にはいっさいありません。しかも、ほとんど読書をせずに育ちました。
　「で、どうしてこの仕事をされているのですか？」

よくこう聞かれます。少々格好をつけて言えば、すべて"体で覚えてきた"が実感です。文法の確かな知識も文学の基盤もない私ですから、文章の「OK／NG」を判断するとき、最終的には「読んでみて、どうか」が基準。体で覚えてきた感覚だけが頼りなのです。

では、まったく努力をしていないかというと、やはりそうではありません。長く編集者、ライターとして生きてきた中で、ひとつだけ変わらないことがあります。それは、言葉や文章に意識を向け続けていること——。24時間365日というと少々大げさに聞こえるかもしれませんが、365日は実際にそのとおりです。常に意識を向け、関心を持ち続けた結果、文章や表現について敏感になり、知らず知らずのうちに言葉やフレーズを吸収することにつながったのだと思います。その蓄積が読む力、書く力となって、今の私を助けてくれているのでしょう。

忙しい皆さんに、「文章力アップのために読書を！」と言うつもりはありませんし、そもそも言う資格がありません（笑）。しかし、言葉や文章に少しずつ興味や関心を持つことは、センスのよい文章を速く書くためにも、ぜひオススメしたいと思います。

文章を書くスキルを上げるためには、「興味・関心を持つ」が第一歩。この本がそのきっかけになれば、とても幸せです。

2019年6月
赤羽博之

まえがき　この方法で、あなたも文章力をアップできる！ ─── 003

第1章
こうすれば「センスのよい文章」が「なるはや」で書ける！

01 まずは「書けない」原因を突きとめよう ─── 010
02 読み手のストレスを最小に、文章の働きを最大に ─── 014
03 SNSがもたらすプラス面とマイナス面 ─── 018
04 「語彙力を身に付ければ大人の文章が書ける」は本当か？ ─── 022
　Column01　書ける人は読まれ方を考える ─── 026

第2章
読みやすく、分かりやすい文章を書く技術①
──「長い」を解決する

01 文字を増やそうスイッチを「減らそう」に！ ─── 028
02 遠回りせず、ズバリ核心から書く ─── 032
03 センスのよい文章は、徹底した「引き算」から生まれる ─── 036
04 一文の長さは「ひと口サイズの料理」のイメージで！ ─── 040
05 書くことより「書かないこと」を決める ─── 044
　Column02　音読しやすい文章は相手も読みやすい ─── 048

第3章
読みやすく、分かりやすい文章を書く技術②
──「しつこい」を解決する

01 「重複を省く」は、文章を改良する最もシンプル＆確実な方法 ─── 050
02 ここにも注目！「意味の重複」の解消でワンランク上の文章に ─── 054

03 「こと・もの・という」をコントロールせよ ― 058
04 文末は「キュキュッ」と鳴るバスケットシューズのイメージで ― 062
05 文末エンジンで、どんどん先を読みたくなる文章に！ ― 066
Column03 描写や説明が"劇的"に伝わりやすくなる方法 ― 070

第4章
読みやすく、分かりやすい文章を書く技術③
──「自分勝手」を解決する

01 「盛り上がる」では何も伝わらない ― 072
02 自分の常識は、相手の"非"常識 ― 076
03 「美しい」と書かずに、「美しい」と感じさせるには？ ― 080
04 具体的な「数字」を味方につける ― 084
Column04 迷わず「読点」を打つヒント ― 088

第5章
やったモノ勝ち！
「言葉・フレーズ貯金」を増やす方法

01 「言葉・フレーズ貯金」はなぜ必要か？ ― 090
02 書く力は読む力 ― 094
03 アタマの中の日本語データベース「ことばの森」を育てる ― 098
04 インタビュー；「ことばの森」を育てて変わったこと ― 104
Column05 温かみのある文章を書く、たったひとつの方法 ― 110

第 6 章
「読みたくなる文章」は、こうして書く

01 「これが読みたかった！」と言われる条件 —— 112
02 遠距離恋愛のラブレターをイメージする —— 116
03 相手→目的→内容の法則を使いこなす —— 120
04 広く伝えたいときこそ、特定の「1人」に向けて書く —— 124
05 上司、お客様の行動パターンを把握しよう —— 128
　Column06 カメラを買うと、なぜ「散歩」したくなるのか？ —— 132

第 7 章
"お悩み別"
速く書くための5つの視点

01 どこに時間がかかっているのかを突きとめよう —— 134
02 書く内容が整理できない人へ
　　——論理的な説明手法「PREP法」で文章が"加速"する！ —— 138
03 最初からうまく書こうとしている人へ
　　——文章は「書く」より「直す」意識で —— 142
04 適当な言葉、表現が浮かんでこない人へ
　　——言葉が"泉のように"湧いてくる体質になる！ —— 146
05 ついつい先延ばししてしまう人へ
　　——メモの活用〜印象が鮮烈なうちに書く —— 150
06 いつもゼロから書こうとしている人へ
　　——アイデア次第で効率化できること —— 154

あとがき　センスとは、読み手について考え抜くこと —— 158

第 1 章

こうすれば
「センスのよい文章」が
「なるはや」で書ける!

01

まずは「書けない」原因を突きとめよう

「センスのよい文章」を「なるはや」で書くために必要なこととは……？ 具体的な方法をご紹介する前に、まずは"書けない原因"を整理し、把握しましょう。原因が分かれば、あとはその対策を立て、実行していくだけです！

「文章を書くことが苦手」は当たり前!?

　「いざ書こうとすると、アタマが"真っ白"になってしまう」「アタマの中にイメージは浮かんでも、文章にできない」「苦労して書いても『何を言いたいのか分からない』などと注意されてしまう」……。
　企業研修、講演などで各地に伺うと、こうした声をたくさん耳にします。この本を手に取ってくださったあなたも、同じような"悩み"をお持ちかもしれませんね。
　そもそも、仕事で使う「実用的な文章」の書き方については、社会に出るまで教わる機会がありません。具体的な方法を学ぶことなく実戦に臨んでいるのですから、「苦手」はごく当たり前（！）なのです。
　とは言え、私たちが日本語を使って仕事をしていく以上、「書くこと」はこれから先、ずっとついて回ります。長い人生の中で、いつまでも苦手にしている人と、それを武器にできる人では、仕事の成果、待遇なども含め、大きな差になっていくはずです。
　もしも、次の①～③のうち１つでも当てはまることがあれば、早めに手を打たれることをオススメします。

①メールの返信だけで午前中が終わってしまうことがある。

②報告書や企画書などは持ち帰って自宅で書く。
③文書を上司に見せると、ほぼ毎回、修整指示を受ける。

　これらは、文章力不足があなたの"足を引っ張っている"可能性が高いと思われる症状――。一刻も早く「書けない原因」を突きとめ、文章力を仕事の武器にできる人を目指しましょう。

文章が書けない原因～「3つの不足」とは？

　まずは、なぜ書けないのか、その原因を探っていきましょう。「3つの不足」があると私は考えています。それは……

> ①言葉、文章の基本的な「扱い方」のノウハウ不足
> ②言葉やフレーズ（言い回し）の貯金不足
> ③読み手に対する想像力不足

　それぞれを詳しく見ていきましょう。

①言葉、文章の基本的な「扱い方」のノウハウ不足
【こんな人は要注意】
・「何を書いているのか分からない」とよく言われる。
・気がつくと長い文章、くどくどしい文章になっている。
・「すごい」「美しい」など主観的、抽象的な表現を多用している。

　社会人になって最初に研修で習うのは、挨拶や名刺交換のマナー、電話の受け方……などでしょう。それぞれに決まったカタチがあり、知らないと恥をかいてしまいます。
　言葉や文章を扱ううえでも、ある程度の決まったカタチ、マナーが存在します。これらを知らないまま文章を書くことは、自己流でぎこちない名刺交換をするようなもの――。
　たとえ1人でも読み手がいる文章を書くのであれば、「相手にとって読みやすく、受け取りやすく」書くことが必要。文章のマナーは、

その「気くばり」の具体的な方法です。

> この本では、2章（p.028）、3章（p.050）、4章（p.072）で、それぞれ「長い」「しつこい」「自分勝手」という代表的な「マナー違反」を改善していく方法をご紹介していきます。

②言葉やフレーズ（言い回し）の貯金不足
【こんな人は要注意】
・アタマの中にあるイメージを言葉、文章に変換できない。
・文章が「子どもっぽい」「上から目線」などとよく言われる。
・いつもワンパターン、ありきたりな表現になってしまう。

　アタマの中の「表現の引き出し」に、使える言葉やフレーズ（言い回し）が十分にストックされていない状態では、常に「うまく書き表せない」という壁にぶつかってしまいます。その結果、文例の"コピペ"などに安易に頼ってしまうケースも少なくないでしょう。
　この「言葉・フレーズの貯金」は、私たちのアタマの中にある「日本語データベース」に蓄積されていきます。良質な貯金＝データベースが備わっていれば、それに反するような表現、言い回しに出合ったときに違和感を覚えます。この違和感を頼りに必要な推敲を重ねれば、文章の質は自ずと高まっていくのです。

> この本では、5章（p.090）で、「言葉やフレーズの貯金不足」を改善していく具体的な方法をご紹介します。

③読み手に対する想像力不足
【こんな人は要注意】
・上司に提出した書類をなかなか読んでもらえない。
・文章は書けば読まれるものと思っている。
・書き終わっても、読み返すことがあまりない。

第1章　こうすれば「センスのよい文章」が「なるはや」で書ける！

　この本の中で、何度も登場する言葉のひとつが「相手」。繊細なコミュニケーションを取るうえでは、自分中心ではなく「相手」の立場で発想することがどうしても必要だからです。
　具体的には、次のような"心構え"が不可欠です。

> 自分が書きたいことを書く ＜ 相手が読みたいことを書く
> 書き方を考える ＜ 読まれ方を考える
> 自分のために書く ＜ 相手のために書く

　ところが実際には、学生時代のように「書いたものは当然、読んでもらえる」と思い込んでいる方も多く、「相手のために書く」発想自体を持てていないケースが多いのです。

> この本では、6章 (p.112) で、「読み手に対する想像力不足」を解消し、「読みたくなる文章」を書く具体的な方法をご紹介します。

上達のカギは興味・関心を持ち続けること

　文章の書き方には、「唯一の正解」も「100点満点」もありません。また、すぐ書けるようになる"特効薬"もないのが現実です。この本では、「3つの不足」をひとつずつ解消しながら、「センスのよい文章を、なるはやで書く」方法をご紹介していきます。
　上達のカギは、好きになること、興味・関心を持ち続けることです。ご一緒に楽しみながら、具体的な方法を身に付けていきましょう！

POINT
- 「書くこと」の得手不得手は仕事の成果、待遇などの面にも影響する。
- 書けない原因は主に「3つの不足」。本書でひとつずつ解消を。
- 上達のカギは、好きになること、興味・関心を持ち続けること。

02
読み手のストレスを最小に、文章の働きを最大に

センスのよい文章に求められることは、読みやすい、分かりやすい、読みたくなる――です。第一関門である「読みやすさ」の対極にあるのがストレス。いかに読み手のストレスを減らすか、考えていきましょう。

「僕はビール」で通じる不思議な言葉！

まずは、私たちが使っている日本語について確認しておきましょう。それは、日本語には良い意味でも悪い意味でも「曖昧」なところがあるということです。

たとえば、こんなやり取りが私たちの周りではごく日常的に行われています。

> Aさん「一杯目、何にする？」
> Bさん「僕はビール」

飲み会でのごく普通の会話ですが、考えてみると不思議です。2行目をそのままGoogleで翻訳すると「I am a beer.」という英語が返ってきます。英語圏の方からすると、Bさんは人間ではなく「液体」だった（！）という大事件です。

本来なら「私はビールを注文します」が丁寧ですが、いちいちそんな言い方はしませんね。これでも立派に通じるのは、私たちが「曖昧」な面を持つ日本語を、うまく使いこなしているからに他なりません。

相手の想像力に頼ることがストレス源に

　少し前まで、仕事でのコミュニケーションの主役は電話と対面でした。ところが今やすっかり様変わりし、主に文字でのやり取りが中心です。そうなると、この「曖昧」という日本語の特性が、より一層クローズアップされるのです。たとえば……

> 結構です。

　メールやラインなどでこのひと言が流れてきた場面を想像してみてください。大きく2つの意味が考えられます。

> ①いいですね！（＝肯定）
> ②もう十分です。（＝否定）

　電話や対面でのやり取りならば、①と②を取り違える心配は無いでしょう。相手の表情や話し方で「肯定／否定」のニュアンスを読み取れるからです。ところが文字情報だけとなると、簡単ではありません。相手との関係や文章の流れから判断する必要が出てくるのです。
　いかがでしょう。「曖昧さ」という特性を持った日本語には、もともと相手の想像力に頼りがちな面があり、読み解くストレスを与えているとも言えるのです。

まずは「3つの迷惑」を解決していこう

　日本語には「曖昧」な面があり、相手に読み解くストレスをかけやすい傾向がある点をご紹介してきました。これを踏まえて、センスのよい文章を書くには、どんなことに気をつけるべきでしょうか？
　次の文例は、かつてある地方自治体が「健康食品」についてのパンフレットを作成した際、HPに掲載した案内文です。できれば（環境が許せば）音読で味わってみてください。
　※現在はサイトそのものが更新されています。

> 【Before】
> 健康食品ってどんなもの？といった健康食品に関する素朴な疑問から、健康食品を利用して健康被害が起こった、トラブルに巻き込まれたなど、健康食品の利用に関して注意したほうがよいポイントなどをQ&A形式で分かりやすく解説したパンフレットです。（117字）

　いかがでしたでしょう？「すんなりと気持ちよく読めた」という方は、あまり多くなかったのではないか、と想像します。
　なぜなら、この一文の中には「3つの迷惑」とでも言うべき、文章のマナー違反が含まれているからです。追って詳しく解説していきますが、まずは"迷惑"なメンバーを紹介しましょう。

【迷惑1】長い

「長い」には、次の2つの症状があります。

> ・一文が長い
> ・省ける要素が多く、全体がムダに長い

　この文章では「一文の長さ」が問題です。句点「。」は最後に1つのみ。117文字で一文は、読み手に迷惑な長さです。

【迷惑2】しつこい

　この文章では、最も特徴的です。「健康食品」が4回繰り返されています。テーマが「健康食品についてのパンフレット」ですから登場するのは当然ですが、このボリュームの中で4回は明らかに過剰。「くどい・しつこい」印象となり、せっかくのメッセージが心地よく届きません。

【迷惑3】自分勝手

「分かりやすく解説した〜」と書いても、「分かりやすい」の解釈は人

それぞれ異なります。これは書き手の主観に基づく抽象的な書き方。「どう分かりやすいのか」が、よく分からないのです。

> 【After】
> 健康食品ってどんなもの？といった素朴な疑問から、利用によって起きる健康被害やトラブルなど注意すべきポイントを、Q&A形式で中学生向けに解説したパンフレットです。（80字≒68%）

①言葉の繰り返しを解消しながら、全体をコンパクトにしていきました。

②「健康食品」の繰り返しを解消。1回のみの登場としました。同時に「など」の繰り返しも省きました。

③「分かりやすく」を「中学生向けに」と、具体的にかみ砕いてみました。

　相手にかかるストレスを最小にしつつ、文章の働きを最大にするための第一歩は、この「3つの迷惑」の解消です。
　読み比べていただくと、いまは「手品」のように映るかもしれませんね。どうか、ご安心ください！　2章「長い」を解決、3章「しつこい」を解決、4章「自分勝手」を解決──で、それぞれのコツを詳しくご紹介していきます。

POINT

- 日本語には良くも悪くも「曖昧さ」という特性がある。
- 文字でのコミュニケーションでは、とくに「曖昧さ」に注意。
- ストレスを減らし、文章の働きを高めるには、文章のマナー違反〜「3つの迷惑」の解消から。

03

SNSがもたらす
プラス面とマイナス面

文章力アップに必要なのは、書けない原因を洗い出し、対策を立てること。加えて、文章を書く私たちが置かれている状況についても、簡単に確認しておきましょう。ここでは主にSNSのプラス面、マイナス面について触れていきます。

誰でも情報発信できる社会のメリット

　キーを叩く、あるいはスマホをタップするだけで、自分の意見や考え方を社会に向けて発信できる。しかも、投稿に対する反応をすぐに確かめられる――。昭和や平成初期には考えられなかったようなことが、今や当たり前ですね。かつては一部の著名人や作家、エッセイスト、学者、政治家、企業のトップなどに限られていた情報の発信力を、誰もが持てるようになったのです。

　しかも、一個人の発言が社会にインパクトを与えるケースも多々あり、とりわけSNSの影響力には企業も注目するところとなりました。

　こうした環境の激変は、私たちの「文章を書く」という行動にも、大きな変化となって表れていることは間違いないでしょう。"文章をめぐる状況"について確認することは、私たちが自然に身に付けているプラス面や、知らず知らずのうちに陥っているマイナス面に気づくことにもつながるはずです。

　まずは、SNSのプラス面を見ていきましょう。

> ①文字を使ったコミュニケーションの経験値がアップする
> ②限られた文字数で書くスキルが身に付く
> ③反応を意識して文章を書く機会が増える

　①については、とくに説明の必要はなさそうですね。以前は電話、対面が主な手段だったコミュニケーションが、ライン、メール、チャットなどに置き換わっていることは、あなた自身が実感されているでしょう。さまざまな場面で文字、文章によるコミュニケーションを重ねれば、自ずと経験値は増えていきます。
　こうした経験の蓄積は、チャンスをとらえて物事を効率よく進めたり、ピンチに動じず落ち着いて対応したり――というスキルに結びついていきます。

　②についてはTwitterの文字数制限が特徴的です。タイプするたびに減っていく「残り文字数」に注目しながら文章を書く経験は、アナログ時代にはできなかったことですね。
　一定の文字数で伝えたいことを書き切る――というスキルにもつながり、ムダの少ない引き締まった文章を書くエクササイズになります。

　③が、実は最も重要だと私は考えます。投稿した内容に反応があることは"快感"ですし、励みになりますよね。また、反応が多かった、あるいは少なかった要因を考えることは、私たちが実社会の中で発信する文章や発言の内容を考えることにもつながる貴重な体験です。

　近年、若手社会人の皆さんの研修に伺う際には、書かれる文章や発言内容の的確さなどから、これらのメリットを"実感"することがたびたびあります。とくに相手の反応を意識すること、「空気を読む」「相手を洞察する」ことは、伝わる文章を書くうえではとても重要なスキルなのです。

「いいね！」は「いい文章だね」ではない

いっぽう、SNSとの付き合い方について少し心配に思うのは、次のような点です。

> ①「いいね！」を拡大解釈してしまう
> ②「バズる」ことがすべてに優先するような発想

①は私を含め、多くの人が当てはまるのではと想像します。

こんな経験、ありませんか？　Facebook、Twitterなどで「いいね！」をもらうと、投稿した文章が「いい文章だね」と認められたような気持ちになる——。

もちろん、文章を的確に評価してくださる方も中にはいるでしょう。また、「書ける」という気持ち（＝自信）が書く力を身に付ける原動力になることも確かです。

しかし、「自分は書ける」という思い込みがマイナスに作用し、文章の推敲やチェックが甘くなってしまっては、元も子もありませんよね。

②についてはご存じのとおり「炎上商法」という言葉もあるくらいで、SNSの特徴のひとつ、爆発的な拡散力を背景に起きている現象です。

多くの一般ユーザーには関係ないことかもしれませんが、一部に「バズらせるためには、なんでもアリ」という風潮があることも事実です。

その結果、表現はどんどんエスカレートし、ネット限定とはいえ目を覆いたくなるような言葉が飛び交うのが、日常の光景になってしまった感もあります。

インターネットの黎明期には、ネットとエチケットが合体した「ネチケット」なる造語が出回りました。いくつか条文のようなものが書かれていて、最後の方に「その人に面と向かって言えないようなことは書き込まない」という趣旨の一節があったと記憶しています。

いまや「ネチケット」が死語になっていることを引き合いに出すまで

もなく、先ほどの「空気を読む」「相手を洞察する」とは正反対とも思えるような言動があふれていると言えるでしょう。

一般ユーザーにとっては、心の奥底にあるエネルギーが解放されるような爽快感があるかもしれませんが、私たちが言葉を選ぶ感覚に微妙な悪影響があるのでは……と危惧するのです。

プラス面は活用しマイナス面には注意して！

SNSあるいはネット社会という"少し変わった"切り口から、言葉、文章を書くことについて考えてみました。

「限られた文字数で書くスキルが身に付く」「反応を意識して文章を書く機会が増える」などのメリットは、ぜひ意識して実践に活かしてほしいと思います。

最後に、気を付けたいことをひとつ――。それは、RT（リツイート）、シェアなど他人の意見、考え方に同調する機能が素晴らしく便利な点です。著名人、著名アカウントなどから発信される意見や考え方に"安易に"同調することによって、いかにも自分が考えているかのような錯覚に陥ってしまうパターンが少々心配なのです。

「文章を書く」ことを、アタマの中のアイデアを言葉に置き換えて伝えること――とすれば、自分の力でトコトン考え、自分の意見を持つことこそが出発点です。さまざまな出来事や言動をしっかり受け止め、常に自分の意見、考え方を持つことを「書く」ための土台にしていきましょう。

POINT

- SNSのプラス面は「文章を書く」経験値がアップし、相手を洞察する感覚を養えること。
- いっぽうマイナス面は「いいね！」の意味を「いい文章だね」と拡大解釈してしまうこと。
- RT（リツイート）やシェアより、常に自分の意見を持つことを大切に！

04

「語彙力を身に付ければ大人の文章が書ける」は本当か？

書けない原因のひとつは、「言葉やフレーズ（言い回し）の貯金不足」──。文章を書くうえで語彙力が必要なことは、改めてお伝えするまでもないですね。では、書店に並ぶ「語彙力本」とは、どのように付き合えばよいのでしょう。

一夜漬けのスピーチでは、心に届かない

　語彙力について書かれた本（以下、語彙力本）は、主に私たちの日常会話などにはあまり登場しない"やや難しい"言葉、たとえば「慚愧に堪えない」「愁眉を開く」「焦眉の急」……などの意味や語源、使い方が解説されている出版物。この本の近くにも、きっと何冊か並んでいることでしょう。
　それらの一部では「語彙力」と「大人」とを結び付け、「語彙力を身に付ければ大人の文章が書ける」などと謳っていますが、果たして……。

　たとえば、あなたが語彙力本を手に入れ、毎日10分間、1項目ずつ読んで30日間が過ぎたとしましょう。これで「30の新しい語彙」を獲得し、その分だけ"大人の文章"が書けるようになったと言えるでしょうか？
　30日間の努力自体、とても素晴らしいのですが、これだけで「30の新たな語彙」を使いこなすのは至難の技──。なぜなら、その段階はまだまだ「仮免許」のレベルで、十分に使いこなせるとは言えないからです。

覚えたばかりの言葉を使って書いた文章は、いわば結婚披露宴の「一夜漬けスピーチ」のようなもの。気の利いたことを話したいと夜を徹して練習してみたところで、借りてきたような言葉、本当に"その人のもの"になっていない内容では、聞き手には違和感でしかありません。

いっぽう、決して流暢（りゅうちょう）な話し方ではないのに、ひと言ひと言が心に届く、胸の奥に響くようなスピーチをされる方もいらっしゃいます。このような方たちは決して背伸びをせず、自分の心身と一体化した"分身"のような言葉を繰り出しているのです。

どちらのスピーチがより大きな拍手で称えられるのか、これはご想像のとおりです。あなたも一度や二度は、こうした光景を目撃されているのではないでしょうか。

語彙力本はサプリメントのようなもの!?

では、実際のところ私たちはどのように語彙力を身に付けてきたのでしょうか。それは聞く、話す、あるいは歌う、そして読む、書く……幼少期から現在に至るさまざまな場面や機会に日本語と触れ合いながら、知らず知らずのうちに自分のものにしてきたのです。

小学校入学以降であれば、教科書、ドリルやプリント類、授業や友だちとの会話に始まり、やがては書籍、雑誌、新聞、あるいはTV番組、街中や電車内の広告、ポスター、Webサイトなどなど極めて大量の情報の中から、言葉や言い回しを徐々に獲得してきました。

いっぽう語彙力本は、これとは少し違います。取り出しやすいカタチ、利用しやすい状態で、言葉や言い回しの知識を与えてくれます。いわばエッセンス（＝必要な要素）のみを、手軽に提供してくれるのです。

この感じ、何かに似ていませんか？　栄養成分を手軽に摂取できるようにと開発、販売されるサプリメント（健康食品）のように私には映るのです。

必要なものだけを手軽に摂れる点ではとても便利なのですが、実際の食生活では「サプリメントだけに頼るべきでない」ことは、お伝え

するまでもないでしょう。語彙力についても同様だと私は考えます。

　新たな語彙の獲得を「語彙力本」だけに頼り切るのではなく、魚や肉、野菜や穀物などの中から必要な栄養素をカラダに取り込むように、たとえば「朝刊コラムの書き写し」を続けるなど、生きた文章の中から自然に取り入れていくのがベター。

　語彙力本が親切に（！）与えてくれるエッセンス（＝必要な要素）だけではなく、どんな場面で、どのように使われていたのかという「全体像」ごと消化吸収し、言葉や言い回しを自分のものにしていきたいのです。

語彙力本はこうして使いこなす！

　語彙力本について、その特徴などをご紹介してきましたが、「サプリメントにも捨て難い利便性がある」ことも事実。そこで、改めて語彙力本をより良く活用するうえで、押さえておきたいポイントを整理しておきましょう。

①覚えたての言葉は使わない

　覚えたての言葉を大切な場面で使うことは、あまりオススメできません。自分が十分に理解できていない状態で発した言葉や文章は、その「自信の無さ」や「不安」が行間（≒全体の雰囲気）から読み手に伝わってしまうものです。これでは相手の心を揺さぶったり、行動を促したりするような、力強いメッセージにはなり得ません。

　新たに覚えた言葉が、その後の経験（その言葉を何度も読み書きする）や時間経過によって「自分のもの」になるまでは、とくに大切な場面で安易に使わないようにしましょう。

②等身大の語彙力こそが自然

　語彙力についていつも思うのは、「等身大がベスト」ということ。言葉は「誰が発しているか」と常にセットだからです。

　たとえば、それまで"正直で親しみやすい"キャラで売っていたあなたが、いきなり「慶賀にたえません」などと書いても、子どもが大人の

スーツを着て歩くようなもの——。本人とのギャップが大き過ぎては、「熱でもあるの？」と笑われてしまうのがオチなのです。
　相手にも自分にも、ごく自然に理解できる言葉。背伸びするのではなく、あなたの現状を反映した等身大の語彙力こそが最も自然で、文章を受け取る相手にも好印象を残してくれる——と私は考えます。

③積極的に取り入れる努力を！
　とはいえ、新たな語彙を取り入れる努力は、さまざまな方法を駆使して、ぜひ続けていきましょう。知っている言葉が増えて初めて、使いこなせる言葉も増えていくのです。「朝刊コラムの書き写し」を続けながら（＝食事）、スキマ時間に語彙力本をパラパラと眺める（＝サプリメント）——など、いかがでしょう？
※この本の098ページでは、新聞コラムを使って実際に言葉や言い回しの貯金〜語彙力をアップする方法をご紹介しています。

POINT
- 一夜漬けの言葉を使っても、相手の心に届く文章にはならない。
- 「語彙力本」はサプリメント（健康食品）のようなもの。特徴を理解して使いこなそう。
- 結局、言葉は「誰が発したか」とワンセット。等身大の語彙力が最も自然。

書ける人は読まれ方を考える

　編集という職業が世の中にあることはご存じだと思います。以前なら主に雑誌や書籍が仕事の対象でしたが、今日ではWebが加わり、仕事の内容もだいぶ"様変わり"してきました。が、この職業に就く人たちが最も頻繁に口にする言葉は"変わっていない"と想像します──。それは、「読者」です。
　「この切り口は、読者にとってどうか？」「こんな書き方で読者に伝わるか？」……。私も月刊誌の編集長を務めていた時代には、このようなやり取りを日々続けてきました。
　「お客様第一主義」という言葉も企業広告などではおなじみですが、編集という職業はまさに「お客様」「読者」の側から発想するスペシャリストと言えるかもしれません。

　皆さんの周りにも何人かいらっしゃる「書ける人」たちも、実は発想の出発点が編集者と同じだと私は想像します。つまり、「書き方」より「読まれ方」から考えるのです。自分の書いている文章を、常に相手の立場に立って客観的にとらえ、「この内容、書き方は相手にとって、どうか？」という視点で、良否を判断し続けているのです。
　これは、もちろんあなたにも可能です。本編でも触れていますが、書き上げた文章を「客観視」（094ページ）することによって、徹底的に「読まれ方」をシミュレーションし、妥協なく推敲を重ねます。まずは「音読」、そして「プリントアウト」、さらに「時間を置く」──が、読まれ方から発想するための最短ルートなのです。

　一流のサッカー選手は、自分の目の高さからの視野と同時に、俯瞰（高い所から見おろす視点）でピッチの状況をキャッチできるといいます。私たちも、自分の視点に加え「相手の視点」から俯瞰する＝客観的にとらえることに、チャレンジしていきましょう。

第2章

読みやすく、分かりやすい文章を書く技術①

「長い」を解決する

01
文字を増やそうスイッチを「減らそう」に！

私たちが文章を書くときには、「文字を増やしたい」という気持ちが強く働いています。いわば「文字を増やそうスイッチ」がONの状態。このスイッチを「減らそう」に切り替えるところから始めていきましょう。

「文章は短いより長いほうがいい」は幻想！？

前の項目では文章の「マナー違反」をご紹介しました。①長い、②しつこい、③自分勝手の３つです。

この中でも、あなたが信じてきた常識に"逆行"するのが、「①長い」でしょう。今まで何の疑いもなく、こう信じてきたのではないでしょうか？

> 文章は短いより長いほうがいい。

報告書にしても、企画書にしても、たくさん書いたほうが安心感、充実感があり、何より「しっかり仕事をしている実感」がある……。こんな思いを漠然と抱かれてはいないでしょうか。

ところが、よく考えてみると「短いより長い方がいい」理由はどこにも見当たりません。あなたは、ご存じでしたか？

もちろん、ある物事を正確に伝え切るために必要な文字数があることを否定するわけではありません。しかし、「たくさん書く」ことが「目的」になっているとすれば、早く卒業したいと思うのです。

それは、次の理由からです……

> 「たくさん書く」ことは、「たくさん読ませる」ことだから。

あなたが自分で読む「日記」であれば、何十万字、何百万字でも、気が済むまで書けばよいでしょう（笑）。しかし、1人でも読む人がいる文章であれば、相手への配慮が欠かせないのです。

たくさん書くことは「相手」にとってどうか？

文字を増やそうスイッチが入った状態で文章を書くと、10字で書けそうなものは15字に、15字で書けそうなものなら20字にと、ついつい"水増し"をしたくなります。そのほうが「仕事が早く片づく」からですね。

たとえば……

> 【Before】
> 昨年の売上実績に照らす限りにおいては、それなりの結果を残していると言えるのではなかろうか。（45字）

あくまでも「例文」なのですが、読んでいると"腹立たしさ"を覚えるくらいの水増しぶりですね。

ところが、文字を増やそうスイッチが入っている状態の私たちは、油断するとこんな文章を書いてしまいがちです。これを読まされる人はたまりません。せめて……

> 【After】
> 昨年の売上実績に照らせば、一定の結果を残していると言えるだろう。（32字≒71%）

これくらいムダを省いた状態で、相手には届けたいですね。45字だったものを32字に圧縮できていますので、この部分だけで言えば、

相手の「読む労力」を約3割削減したことにもなるのです！

　ハッキリ申し上げておきましょう。こうした水増しや引き伸ばしは、読み手にとって明らかな迷惑です。
　さらに言えば……

> 「たくさん書く」ことは、相手の貴重な時間を奪うこと。

　仮に文字数が多くても、極力ムダを省き、"ぜい肉"を落とした文章であれば、「時間を奪う」とまでは言えません。いっぽう、スペースを埋めるために「長く書く」ことが目的になってしまったような文章は、読まされる側にとって明らかな迷惑なのです。

文字を増やそうスイッチを「減らそう」に切り替える

　改めて考えてみると、私たちは小学校の頃から「たくさん書く」ことを教え込まれてきています。それがより顕著になるのは、高校や短大、大学や専門学校に進学してからです。
　レポートを書くときに、こんなことを言われ続けてきませんでしたか？

> A4のレポート用紙、○枚"以上"書いてくること。

　こうした場面で、もしも「○○○字"以内"で簡潔にまとめること」と言われ続けていれば、「文章が苦手な人」は今より少なかったに違いありません。

　そこで、皆さんに提案します。何よりも「相手」のため、そして最終的には自分のために、文字を増やそうスイッチを今日から「減らそう」に切り替えていきましょう！
　具体的には、次のチャレンジの継続をオススメします。

> 同じメッセージが伝わるのであれば、常に最少の文字数を目指す。

これは、ゲーム感覚で楽しめばOK。気分はフィットネスジムのインストラクターです。目の前の対象（＝文章）をいかにスリムに、コンパクトにできるか——を考えるのです。

　たとえば……

> 【Before】
> 夕食を食べ終えたら、入浴を行います。（18字）

　さあ、ゲーム開始です！　どのくらいに圧縮できるでしょうか？　お時間があれば、実際に手を動かしてお付き合いください。

> 【After】
> 夕食を終えたら、入浴です。（13字≒72％）
> 夕食後に入浴します。（10字≒56％）

・「夕食」ですから、いちいち「食べ終える」と言わなくてもOK。この場合なら「夕食を終えたら」「夕食後に」で十分ですね。

・「〇〇を行う」は、多くの場合「〇〇する」の形に簡略化できます。

　いかがでしょうか。こうして常に「最少・最短を目指す」ことが、センスのよい文章への道に"確実に"つながっているのです。

POINT

・「文章は短いより長いほうがいい」は、理由のない幻想に過ぎない。
・"水増し"された文章を読まされることは、相手にとって迷惑。
・文字を増やそうスイッチを「減らそう」に切り替えよう！

02

遠回りせず、ズバリ核心から書く

遠回りや寄り道が"迷惑"なのは、ドライブだけではありません。スムーズに相手に届く、センスのよい文章を書くために、この2つを解決していきましょう。とくにムダな前置きには要注意。読まれない原因になります！

結論に自信が無いときほど前置きが長くなる!?

　結論に自信が無いときには、なぜか"のらりくらり"と前置きが長くなる——。文章に限ったことではありませんが、あなたにも思い当たるフシがあるかもしれません。自信満々なら、早く結論を伝えたくなるのが人情ですよね。
　前の項目でお話しした「文字を増やそうスイッチ」がONになっている状態でも、同じ現象〜前置きの"肥大化"が起こります。少しでも文字数を稼ごうとして、なかなか本題に入らないのです。

　このような傾向、ネット社会が進展する前であれば、ある種の"奥ゆかしさ"として「OK」と判断される場面があったかもしれません。しかし、今は状況がまったく違います。日々消化しきれないほどの情報が、私たちの周囲に渦巻いているのです。「長い前置きに付き合ってくれるほどヒマな人はいない！」と考えるべきでしょう。
　企業研修での課題文、テーマ＝「好きな食べもの・飲みものについて」では、このようなパターンで登場してきます。

NG

私にはこれと言って好きな食べものはありません。逆に言えば嫌いなものもないので、毎食テーブルにのるものは、おいしくいただいています。その中でも最近ハマっているのが、毎朝食べるグラノーラ。ドライフルーツが入ったものがお気に入りです。
（114字）

　この文章について、上司や先輩からどんな注意が飛んでくるか、容易に想像がつくでしょう。間違いなく、「結論から書きなさい」ですね！
　こうした書き方では、後半に重要な内容が控えていても、読まれない可能性「大」。肝心なメッセージが届かなければ、仕事のトラブルにもつながりかねません。「遠回りせず、核心から書く」を徹底していきましょう。

OK

朝食でいただく、ドライフルーツの入ったグラノーラが最近のお気に入りです。（36字≒32％）

・「文字を増やそうスイッチ」がMAXに入った「前置き」はすべて削除し、語順を整えました。この部分だけで言えば、相手の「読む労力」を約7割削減できたことになります。

・「ハマる」は社会人の"書き言葉"では使いたくありません。この場合は「お気に入り」と意味が重なるので削除。言い換えるなら「夢中になる」「熱中する」などから、文の流れに合わせて選びましょう。

「主な流れ」を明確にして、過度な寄り道を避ける

　読まれる文章を書くには、「自分に関係がある」と思ってもらうことが大切です。とくにネットが主な情報源となった今日では、見出しと最初の何行かで、その文章の「読まれる／読まれない」が決まってし

まいます。
　不要な長い前置きは、その点からも大きなマイナス。これはビジネス文書でも同じです。

　前置きと同様に注意したいのが、脇道にそれること。「すべての寄り道は厳禁！」ではなく、メリハリ、バランスの問題です。

　まずは、次の文章を読んでみてください。

OK

地球温暖化の原因となるCO_2の排出を抑制するため、家庭内でできることへの取り組みが重要だ。家電の中でも電力消費量の多い冷蔵庫の開け閉め回数を減らすこと、エアコンの設定温度を夏場28℃、冬場18℃にすることなどは、すぐにできる具体的な行動。さらに環境家計簿アプリを使ってエネルギー消費全般をチェックするなど、一人ひとりが関心を持ち続けたい。

　ご覧いただいたとおり、現状はムダなく整った流れなのですが、時としてバランスを崩してしまう"事件"が発生します。
　たとえば……

NG

地球温暖化の原因となるCO_2の排出を抑制するため、家庭内でできることへの取り組みが重要だ。家電の中でも電力消費量の多い冷蔵庫の開け閉め回数を減らすこと、エアコンの設定温度を夏場28℃、冬場18℃にすることなどは、すぐにできる具体的な行動。エアコンの風量は弱よりも自動のほうが省エネの点では優れ、冷房よりドライのほうが電気代がかからないというのは誤解である。さらに環境家計簿アプリを使ってエネルギー消費全般をチェックするなど、一人ひとりが関心を持ち続けたい。

青文字の「エアコンの風量は〜」以下が、過度な「寄り道」です。下の「文章の流れ」で確認してください。

<文章の流れ>
①地球温暖化に対しては家庭内での取り組みが重要
②すぐできる行動＝冷蔵庫の開け閉め回数を減らす
　　　　　　　　エアコンの設定温度の調整
　　　　　　　　　　　↓
　　　　　　エアコンの風量／冷房とドライの比較
　　　　　　　（※この部分が明らかな"寄り道"）
③エネルギー消費全般のチェックなど、関心を持ち続けたい

　エアコンについての詳細情報は、本来は「主なストーリーの流れ」を補足する役割。これが"出しゃばり"すぎると、全体のバランスが崩れ、流れがギクシャクしてしまいます。
　書き手が詳しい分野などでは、ついつい力が入ってしまうものですが、要はバランス感覚。"主役がかすむほど脇役が目立つ"ことは避けたいのです。

POINT
・長い「前置き」は、文章が読まれない原因。
・話題の流れを補足する周辺情報が"出しゃばり"すぎないように。
・詳しい分野について書く際は、主役／脇役のバランスにとくに注意を。

03

センスのよい文章は、徹底した「引き算」から生まれる

センスのよい文章を書くためには、「文字を増やそうスイッチ」を「減らそう」に切り替えること。遠回りや寄り道を避けること。さらに、切れ味のよい文章を書くなら、この方法がオススメです。

切れ味を感じる文章を書く方法

「氷細工」をご存じでしょうか。以前は暑い時期のイベント会場などに"涼を呼ぶアイテム"として、よく飾られていました。現在では氷像、氷彫刻などとも呼ばれるようですが、特徴的なのはその作り方です。

台の上に"豆腐の兄貴"のような氷を積み上げ、巨大な立方体を形成〜その後、チェーンソーやノミなどの道具を使って削り出していきます。つまり、大きな原型から「引き算」を駆使して繊細な形を生み出していくわけです。

実はこの「氷細工」の作り方が、センスのよい文章を書く際に使える(!)のです。具体的には、次のように進めていきます。

①仕上がり文字数の2倍くらいをメドに"多めに"書く。
②目標の文字数に向けて、省けるところを省きながら推敲する。
③音読、プリントアウトを駆使して仕上げる。

①たとえば仕上がりが400字なら、2倍＝800字をメドに「原型」

を作ります。「書く」というより「吐き出す」に近いイメージです。「どうせ削るのだから」と、書きたい内容をセーブするのはNG。言いたいこと、書きたいことを惜しまず、隠さず、出し尽くすようにします。

　書いていて、文字数がメドの「2倍」を超えてもOK。上限を気にせず、アタマの中身を外に出すことに集中しましょう。

　②いよいよ「氷細工」を削り出していきます。ご想像のとおり、文字数を半分にするのは簡単ではありません。実はこのプログラムには"駆け出しライター"が文章力を上げるために取り組むくらいで、かなりの負荷がかかります。

　文字通り大胆に、そして繊細に。ギリギリまでムダを省くことによって、ぜい肉のついたカラダを絞り、「キレ」を生み出すイメージです。

　③多めに書いて削っていく過程では、どうしても全体のバランスが崩れたり、文章の流れが澱（よど）んだりと、より念入りな推敲が必要になるのが普通です。

　音読、プリントアウトはこんなときの強い味方。自分の文章を第三者的な、冷静な視点でとらえる（＝客観視）には、欠かせないツールです。

プロのライターや編集者も「氷細工」で磨きをかける

　たとえば新入社員20人の「文章の書き方研修」をイメージしてみてください。筆者の研修では事前に150字の課題文を書いていただき、添削〜講評〜ポイントを共有するのですが、通常20人のうち2人くらいには、「大きな修整点は見当たりません。推敲の成果ですね！」というコメントを準備することになります。

　そして当日、こう質問してみるのです。
　「この文章は"氷細工"のように書かれたのでは？」
　すると、まず間違いなく「はい」という返事が戻ってきます。
　※もちろん、「氷細工」については、研修の中で事前に説明してあります。

さらに私が知り得る限り、ライター、編集者など職業として実用的な文章を書いている方で、この方法をご存じでない人に会うことは、まずありません。
　私たちにとっては「引き算」で仕上げるこの方法こそが、ごく当たり前の書き方なのです。

ぜい肉を落として、カラダのキレを生み出すように！

　文例をご覧いただきましょう。企業研修で「私の好きな食べもの・飲みものについて」をテーマに課題文を書いてもらうと、こんな感じのものが多く集まります。

> 【Before】
> 私の好きな飲みものはビールです。とくに風呂上りの一杯や運動のあとの一杯は、たまりません。ところが普段は発泡酒で我慢しているので、ビールが飲める週末が早く来ないかなと思います。（87字）

　それでは、さっそく「氷細工」にかかるとしましょう！　原文が87字ですので、40字を目指していきます。

- テーマが「好きな食べもの・飲みものについて」ですから、「私はビールが好き」という宣言はとくに必要ではありません。「ビール」について書かれていればOKです。

- 「風呂上り〜運動のあと〜たまりません。」は、省きました。「当たり前すぎて書くまでもない」という判断です。もちろん「半分にする」という条件が無ければ、残す選択もあり得るところですが。

- 「早く来ないかなと思います。」は「待ち遠しいです。」と言い換えてみました。同じニュアンスが伝わり、文字数は節約（13字→8字）できます。この手法（言い換え）はとくに応用範囲が広いので、ぜひ覚

えておいてください。

> 【After】
> 平日は発泡酒で我慢している私には、ビールが飲める週末が待ち遠しいです。(35字)

　文字数＝半分をメドに削っていくと、こんな文章が見えてきます。原文と比べていかがでしょうか？　氷細工によってぜい肉が引き締まり、スッキリ感が出てきていれば成功です。

　ちなみに「普段は〜」を「平日は〜」としたのは、「週末」との対比をより分かりやすくする工夫です。

　センスのよい文章が書けない原因があるとすれば、それは「文字を増やしたい」という気持ちの中にすべて含まれていると言っても過言ではありません。今日からあなたもぜひ、「引き算」で書く──を、実践してみてください。

POINT

- 切れ味を感じる文章は、多めに書いてから削っていく「氷細工」の手法で。
- 文字数を半分にするような場面では、音読、プリントアウトを駆使した推敲を十分に。
- センスのよい文章を書くには、徹底した「引き算」の発想を。

04

一文の長さは「ひと口サイズの料理」のイメージで！

読みやすく分かりやすい文章を書くうえで、常に意識しておきたいのが一文の長さ。長い一文はそのまま読み手の負担、ストレス源になります。文章を書き終えたら、まずこのポイントをチェックしましょう。

理想は「一読で理解できる」文章

　企業での研修やセミナー会場などで、よくこんな質問をしてみます。「文章を書いていて、途中で"ワケが分からなくなる"ことはありませんか？」
　すると、ほぼ例外なく「あっ！　私のことだ」という反応が、あちこちから返ってきます。自分のアタマで考え、「こう書きたい」という内容を書いているはずなのに、なぜか自分自身でコントロールしきれなくなってしまう——。あなたにも同じような経験があるかもしれません。
　考えられる原因の第一は「一文が長い」こと。長くなればなるほど、イヤホンのコードように文章が"こんがらがって"しまいやすいのです。
　次の文をご覧ください。

NG
私の業務はIT関連の企画営業ですが、中でもお客様のニーズに合わせたセキュリティーシステムの提案が得意で、先日も大手機械メーカーさんから1年間の顧問契約を獲得しました。（82字）

句点「。」は最後にひとつですから、これで「一文」。文字数は82字と極端に「長い一文」ではないものの、ひと息で読んで内容を理解するには、少々負担を感じます。
　この文が伝えたい内容は、次の3つです。

> ①IT関連の企画営業に携わっている──仕事の内容
> ②得意なのは、セキュリティーシステムの提案──得意分野
> ③年間顧問契約を獲得──最近の成果

　これだけの内容を「一文」で書こうとすれば、どうしても長くなってしまいます。要は「詰め込み過ぎ」なのです！
　同じ内容を、次のように書いてみたらどうでしょう。

OK
私の業務はIT関連の企画営業です。中でもお客様のニーズに合わせたセキュリティーシステムの提案が得意。先日も大手機械メーカーさんから1年間の顧問契約を獲得しました。
（16字＋33字＋31字＝80字）

　トータルの文字数はほぼ同じですが、違うのは句点「。」の数。意味の切れ目に句点を打ち、3つの文に分けてみました。

　【NG】文と【OK】文を比べてみて、どちらが「読みやすい」「分かりやすい」と感じるでしょうか？　3つの内容を一気に読まされるより"小分け"にして受け取れる方が読み手の負担は少なくてすむのです。

　理想は「一読で理解できる」文章。繰り返し読まなくても、内容がサッとつかめる文章です。そのためには、60字を超えるような長い一文は、内容の切れ目で2つ（3つ）に分けてみることをオススメします。

日本語の文章は、最後まで読まないと意味がつかめない

「一文」の物理的な長さに注目してきましたが、ここでは「構造」に着目していきましょう。実は日本語の文章には「最後まで読まないと意味がつかめない」という特徴があるのです。

先ほどの【OK】文で確認してみます。

> 私の業務はIT関連の企画営業です。中でもお客様のニーズに合わせたセキュリティーシステムの提案が得意。先日も大手機械メーカーさんから1年間の顧問契約を獲得しました。

青文字で示したところが、それぞれの文のいわば「結論」にあたる部分。これらを指で隠してみると、何を伝えたい文なのかが分からなくなります。

このように日本語では文の結論（述部）が文末に配置されるのが普通です。そのため一文が長くなればなるほど、結論が相手に伝わるタイミングが遅くなり、読み手にとって分かりにくい文になるのです。

2つの文を比べてみてください。

> 【Before】
> 来週のプレゼンでは、お客様からさまざまな分野にわたる専門的な質問が出されることが予測されるため、事前に想定問答集を準備します。(63字)
> ↓
> 【After】
> 来週のプレゼンでは、事前に想定問答集を準備します。お客様からさまざまな分野にわたる専門的な質問が出されることが予測されるためです。(25字＋40字＝65字)

【Before】で63字一文だったものを、【After】では25字＋40字

の2つの文に分け、語順を組み換えました。「想定問答集を準備する」という結論が、より早く相手に伝わる点にご注目ください。

食べやすく切り分けられた料理のイメージで！

　一文の長さについて考えるとき、思い浮かべてみてほしいのが、料理の盛りつけ方です。

　大きめのお皿でドーンと運ばれてきて、「あとは好きなように切り分けてください」というものもあれば、最初から「ひと口サイズ」にカットされて出てくるものもありますね。

　食べやすいのは、果たしてどちらでしょう？

　「大きいままドン」よりも「ひと口サイズ」の方が食べやすく、消化吸収もよさそうです。文章もこれとよく似ています。

　長い一文で結論を最後に持ち越すよりも、短い一文にして「結論を小分けに渡していく」ほうが読み手の負担は少ないのです。

　「あなたの文章は、何を言いたいのかよく分かりません！」

　こんな注意をたびたび受けてしまう人にも、まずは「一文の長さ」に注意してみることをオススメします。

POINT

- 「長い一文」は読み手がなかなか「結論」に到達できず、読みにくく、分かりにくい文章となる。
- 60字を超えるような一文は内容の切れ目で句点を打ち、2つ（3つ）の文に分けてみる。
- 長い一文を分割して「結論を小分けにして渡す」ほうが読み手の負担は少ない。

05

書くことより「書かないこと」を決める

苦手意識を持つ人ほど、一生懸命に「書こう」とします。その結果、生まれてしまいがちなのが、「あれもこれも」と欲張った文章。内容の盛り込み過ぎは、読まれない原因のひとつです。

「あれもこれも」は伝わらない文章の典型例

あなたが出張で訪れた街で、「そば」を食べたくなったとしましょう。駅前には「A庵」「B屋」の2店があり、それぞれこんな看板を掲げています。あなたはどちらに"好感"を持つでしょうか？

> A庵「そば、うどん、ラーメン、寿司、なんでも美味しい店」
> B屋「石臼挽き手打ち蕎麦専門店」

もちろん、実際には「A庵」のように幅広いメニューを備えた"名店"もあることでしょう。しかし、私たちの感覚としては、断然「B屋」を選びたくなるのでは？

両店の違いをひと言で表せば、「ポイントが絞れていない／いる」ですね！　これは、そのまま文章を書く場面にも応用できます。

何度か出てきましたが、企業研修などで「伝わる文章」をテーマにする際、事前に150字の課題文を書いてもらうことがあります。テーマには、ほとんどの場合「好きな食べもの・飲みものについて」を設定します。これなら、よほど個性的なアイテムが登場しない限り、読み手にもある程度の予備知識があり、スムーズに進行できるからです。

このテーマの課題文では、ときどき「A庵」の看板のような文章にお目にかかります。

NG

> 私の好きな食べものは、いろいろある。ご飯のおかずなら納豆と昆布の佃煮、ビールのお供ならジャーマンポテトに餃子、お菓子なら断然ゼリービーンズだ。ちなみに飲み物ならビール。それも、とりあえずビールではなく、最初から最後までビール一筋である。

こうした文章を書かれる方は、ひとつひとつの食べものに"思い入れ"があり、切り捨てられなくなってしまうのでしょう。
しかし、これが「センスのよい文章」とは、とても言えません。この場合なら、「後半で書かれたビールにポイントを絞ってみては？」と、アドバイスするのが普通です。
たとえば……

OK

> 「とりあえずビール」という言葉が嫌いだ。「喉が渇いたから」「風呂上りには」「夏場だから」なども同罪である。私は乾杯から締めの一杯までビールひと筋。香ばしい煙を放つサンマの傍らにも、足下から凍える夜の湯豆腐の隣にも……（略）

この内容なら「A庵」ではなく、「B屋」の看板に近いですね！

なぜ「書かないこと」を決めるのか？

ご覧いただいたとおり、文章には次のような性質があります。

- 「あれもこれも」と広げれば……

> →浅く弱くなり、説明不足に。
> ・「ポイントを絞って」狭めれば……
> →深く強くなり、十分な説明が可能！

　たとえば全体のボリューム200字の中で、2つの内容を書くとします。単純に割り算すれば、1つの内容について使えるのは100字。同じ200字を1つのポイントに絞って使うのなら、200字をフルに使えるわけです。
　書き手の力量が常に安定的に発揮されるとするならば、両者を比較すると明らかに……

> 1つの内容を200字で　＞　2つの内容を各100字で

　ポイントを絞った書き方の方が、説明不足に陥る危険性が少なく、内容を相手にしっかり届けられる可能性が高いのです。

文章を相手の心の奥深くまで届けるために

　次に2つの文章を読み比べてみてください。いずれもエントリーシートなどで"おなじみ"の「自己PR」の一部分です。

> **Aさん**
> 私の強みは粘り強さ、思いやりがあるところ、そしてコミュニケーション力の高さです。大学1年のときから積極的に災害救援などのボランティア活動に従事し、困難に直面しても決してあきらめない「粘り強さ」を身につけました。被災された方と接するには、まず相手の立場に立つことが必要で、「思いやり」の大切さを学びました。コミュニケーション力を身につけたのも、見ず知らずの人たちの中で活動する経験を重ねてきたからです。
> （200字）

　とても素直な性格のAさん、アタマに浮かんできた内容を順番に並

べた——という印象ですね。自分の強みを「粘り強さ」「思いやり」「コミュニケーション力」と3つ掲げて説明を試みたのですが、ポイントが絞れなかった分、説明が十分とは言えない状況に映ります。

では、この文章はいかがでしょう？

> **Bさん**
> 私の強みは粘り強さです。大学1年のときから積極的に災害救援などのボランティア活動に従事し、困難に直面しても決してあきらめない「粘り強さ」を身につけました。避難所のスタッフとして被災された方と直接向き合う場面では、極度のストレスから"いらだち"を隠し切れない方も少なくないのですが、できる限り丁寧に耳を傾けました。退所される際の「ありがとう」の声が、今後の仕事人生の支えになってくれると確信しています。
> （200字）

同じ200字。前半の内容は共通しています。違うのは、「思いやり」「コミュニケーション力」と要素を欲張るのではなく、「粘り強さ」にポイントを絞った点。どちらに"軍配が上がる"かは、あなたが人事担当者になったつもりで判断してみてください。

「書くこと」を決めるのは、とても重要。これが無ければ、そもそも文章を発信する意味がありません。同時に、よりよく相手に届けるために、「書かないこと」を決めるのです！

A、B、C、3つの書きたいことがあれば、あえて今回は「AとBは書かず、Cに絞る」という判断が、最終的にはよりインパクトの強い文章として、読み手の心深くまで届くのです。

POINT

・「あれもこれも」では伝わらない文章に。ポイントを絞るのが鉄則。
・要素を欲張ると、結局は文字数不足から説明が不十分に。
・「書くこと」と同様に「書かないこと」を決める。

音読しやすい文章は相手も読みやすい

「音読」というと、高校の古文の時間、源氏物語の冒頭〜「女御・更衣」を「ジョオン〜」と読んでしまうなど、屈辱の思い出しかありません（笑）。ところがこの「音読」、私たちが文章を書く力をつけるうえで果たす役割は決して小さくありません。

1.「音読」は推敲の決め手になる

自分が書いた文章を「第三者的な目で読み返す」ことをこの本では「客観視する」と呼んでいます。その方法のひとつが「音読」。視覚の情報だけで文章を追うときとは異なる感覚で自作を捉えられるのです。中でも句読点のチェックでは"最強のツール"として活躍してくれます。

一文が長く、なかなか句点にたどり着かないような文章では、読んでいて息が苦しくなってきます。長くても40字〜60字で句点を打つようにしましょう。

読点のリズム改良にも必須です。「誤読・難読を避けるために打つ」というルール（088ページ）と併せて、音読した際「スムーズに読めるかどうか？」をぜひ、判断基準にしましょう。

2. 読みやすい文章かどうかの判断は「音読」で

書いた人は、その文章のどこにどんな内容が収められているのか、当然のことながら熟知しています。"その本人"が音読した際にスンナリ読めず、あちこちで引っかかったり、スピードが落ちてしまったりしたら、まだまだ推敲の余地「大」。初めて目にする人にとっては、それ以上に読みにくい文章であることは間違いありません。

逆にいえば、スムーズに音読できる文章は日本語として「こなれた状態」で、相手も読みやすいと判断できるのです。通常より少しスピードを上げてもスンナリ読めるようならOK。速めの音読に耐えられる文章は、多くの人にとって読みやすいのです。

第 3 章

読みやすく、分かりやすい文章を書く技術②

「しつこい」を解決する

01

「重複を省く」は、文章を改良する最もシンプル＆確実な方法

「読む人が心地よく感じる文章」を書くうえで、言葉の「重複」をどう扱うかは、とても大切。前項の「"長い"を解決する」に加え、あなたの文章を大きく変えるポイントでもあります。

一文の中での言葉の重複にまず注意を！

　しつこい、くどい人間は、あまり人に好かれませんよね。実は文章も同じです。「一文の中に同じ言葉が2回以上登場する」「段落の中に同じ言葉が何度も出てくる」など言葉が重なった状態は、「しつこい・くどい印象」となり、気持ちよく読める文章とは言えません。
　まずは最も基本的な例をご覧いただきます。

当社の特長は、スタッフの勤勉な勤務態度が特長です。

　一文の中に「特長」が2回登場。もちろん、日本語として明らかに誤っている、とまでは言えませんが、スッキリしない、くどくどしい印象が残ります。どちらかの「特長」を省けないでしょうか？

当社の特長は、スタッフの勤勉な勤務態度です。

後半の「特長」を省くため、「〜勤務態度が特長です。」を「勤務態度です。」としてみました。
　いかがでしょう。シンプルなルール＝「重複を省く」の効果を実感していただけますか？　繰り返しを避けることによって、文章が引き締まり、スッキリと読みやすく、伝わりやすくなるのです。
　ここで改めて【OK】文を眺めてみると、もうひとつの「重複」が気になります。

　当社の特長は、スタッフの勤勉な勤務態度です。

　先ほどの「特長→特長」のようにハッキリした重複ではありませんが、「勤勉」と「勤務」では「勤」が重なっています。やはりこれも「重複」。どちらかを省いてスッキリさせてあげましょう。

　当社の特長は、スタッフの勤勉さです。

「勤勉な勤務態度」を思い切って「勤勉さ」にしました。ひとつ前の【OK】文、そして元の【NG】文と読み比べてみてください。言葉の「重複を省く」を徹底するだけで、読みやすさがアップするのです。
　このような言葉の重複は、仕事、プライベートを問わず、さまざまな場面で登場します。とくに「一文の中での重複」は、どちらかを無条件で省く――と覚えておいてください。

ラーメンについて書くときは「ラーメン」と書かない!?

　あるテーマについて書くときには、そのテーマを表す言葉、キーワードが何度か出てくるのが普通です。たとえば、リーダーシップがテー

マなら「リーダーシップ」という言葉が多く使われ、ラーメンがテーマなら「ラーメン」が、という調子です。

極めて自然ななりゆきなのですが、これを無条件で許してしまうと、文章が「同じ言葉」で埋めつくされてしまいます。

次の文をご覧ください。よく現れるパターンです。

私はラーメンが好きです。ラーメンの中でも塩ラーメンが大好きです。

ひとつの段落（＝連続した２つの文）の中に、「ラーメン」「好き」がそれぞれ３回、２回と"しつこく"登場しています。

ラーメンについて書くときは「ラーメン」と書かないのがコツ。「矛盾している」ようですが、これも大切なポイントです。

私はラーメンが好きです。中でも塩ラーメンが大好きです。

２つめの「ラーメン」を省いてみました。いくぶんスッキリはしましたが、相変わらず「ラーメン」「好き」がそれぞれ２回。さらに改良できそうです。

私は塩ラーメンが大好きです。

書き手の気持ちをいちばんシンプルなカタチで表してみました。要は、こう書きたかったのではないでしょうか。

意図的な繰り返しは「重複を省く」の対象外

「重複を省く」について例文を使ってお話ししてきましたが、最後に押さえておきたいことがあります。それは、「意図的な繰り返し」であれば、重複を省く対象にはならないという点です。

人生には辛い**こともあれば**、楽しい**こともある**。

ここまで読まれた方であれば、「こともあれば→こともある」の重複に気づかれるでしょう。しかし、ご想像のとおり「重複を省く」対象にはなりません。

なぜなら、これは言葉のリズムを重視した「意図的な繰り返し」だからです。たとえば先ほどの「ラーメン・好き」の重複のように、「結果的にそうなってしまった」ものとは明らかに違うのです。

ほかにも……

- 重要な事項を"あえて"重ねて強調する。
- ネット上の文章の場合、サーチエンジン対策として"意図的"にキーワードを繰り返す。

など、「重複を省く」シンプルなルールを適用すべきでない場合もあります。これらは、ケース・バイ・ケースで判断していきましょう。

POINT

- 同じ言葉の繰り返しは、「しつこい・くどい」印象となり、スッキリと気持ちよく読める文章にならない。
- 言葉の重複は極力省く。とくに一文の中での重複は、原則どちらかを省くようにする。
- 意図的な繰り返しなど「重複を省く」対象にならない場合もある。

02

ここにも注目！「意味の重複」の解消でワンランク上の文章に

センスのよい文章を書くうえで重要な、「言葉の重複」のコントロール。一文の中で同じ言葉を使わないこと、段落の中で何度も重ねないことに加え、「同じ意味の言葉」を重ねない——も、ぜひ使いこなしていきましょう。

同じ意味を持つ言葉の扱いに注意！

多くのワープロソフトが、いわゆる「重ね言葉」を自動的にチェックしてくれることをご存じかと思います。

たとえば、「思いがけないハプニング」とタイプすると、待ってました！と言わんばかりに、アンダーラインが現れてきます。その部分を右クリックすると「重ね言葉　ハプニング」と表示され、さらに「思いがけない出来事」と修正案が提示されるのです。これを左クリックすれば修正が完了——。なんとも便利な世の中ですね。

このような「同じ意味」を持つ言葉を重ねて使うことは、不要な"ぜい肉"を増やすことにもなり、センスのよい文章とは言えません。

最もシンプルな例で確認していきましょう。

NG
2時間のセミナーで講師の先生が一番最初に話されたのは、目指す目標に向かって努力する大切さでした。

「講師の先生」という表現。ごく普通に使われるようですが、お気

づきのとおり意味が重なっています。「より丁寧に」というニュアンスは伝わりそうですが、半面「回りくどい」印象も与えかねません。

「一番最初」は、ワープロが検出してくれる「重ね言葉」のひとつ。「最初」と言えば「一番」に決まっていますよね。「目指す目標」も同様。明らかに意味が重なっています。

2時間のセミナーで講師が最初に話されたのは、目標に向かって努力する大切さでした。

「講師の先生」「一番最初」「目指す目標」それぞれの意味の重複を解消しました。

「省く／省かない」はTPOで判断する

同じような例を、もうひとつご覧に入れましょう。退院される患者さんが、お世話になった医師へのメッセージを看護師さんに託す──。そんなイメージで読んでみてください。

おかげさまで、本日退院いたします。主治医の先生に、くれぐれもよろしくお伝えください。

先ほどは「講師の先生」で、今度は「主治医の先生」。前例にならい①「主治医」、②「先生」と書き換えてみます。

①（略）〜主治医に、くれぐれもよろしくお伝えください。
②（略）〜先生に、くれぐれもよろしくお伝えください。

①先ほど「講師の先生」を「講師」としたように、「主治医」とした

形です。口頭でのメッセージにしても、メモを渡すにしても、感謝を伝える文面としては、少々乱暴な印象に映りそうです。

②同様に「先生」としたパターン。「主治医」に比べて、失礼にあたる可能性は低いですね。さて、ここからは想像力の出番。通常、病院には数多くの「先生」が在籍しています。機転の利く看護師さんなら間違えることはないと思いますが……。

（略）〜主治医の先生に、くれぐれもよろしくお伝えください。

見てきたとおり、「主治医」「先生」双方に少なからず不安な点が残ります。この場合は意味が重複する「主治医の先生」という表現が丁寧で、同時に分かりやすい書き方——と判断できるのです。

「同じ言葉」と「同じ意味の言葉」は基本的に省きたいのですが、この例のように「すべて機械的に判断すべきではない」ことも、アタマの片隅にメモしておいてください。

「排気ガス」はOK？NG？

意味の重複は、油断すると文章のあちこちで"生息"し続けます。ぜひ発見し整理していきましょう。代表的な例をいくつかあげておきます。

- いまだ未解決→○ **未解決**
「いまだ」は漢字で「未だ」。「未」が重複。
- あらかじめ予約した→○ **予約した**
「あらかじめ」は漢字で「予め」。「予」が重複。
- 排気ガス→○ **排ガス、排出ガス**
「気」は「気体の"気"」で「ガス」と同じ意味。

・製造メーカー→ ○ メーカー
「メーカー」には「製造」という意味が含まれている。

　意味の重複の例では"定番"とも言えるのが「排気ガス」と「製造メーカー」の2つです。
　ちなみに「排気ガス」については『記者ハンドブック新聞用字用語集・13版』（共同通信社）で、明確に「排ガス」「排出ガス」への言い換えが指示されています。いっぽう『NHKことばのハンドブック第2版』（NHK出版）を調べると、一般的には「排ガス」「排気ガス」でよい──との見解。最終的には使う人の判断になりますが、私の研修やセミナーなどでは前者の立場でお話をしています。
　「製造メーカー」については前出『記者ハンドブック～』の「製薬メーカー」の項目で、「製薬会社」「薬品メーカー」の言い換えが指示されていることが参考になります。

　ネット上には「重ね言葉」「重言」を集めたサイトが多数存在します。機会があれば、チェックしてみてください。もしもあなたがノーマークだったものがあれば、ぜひ"丁寧に調べて"自分のものにしていきましょう。

POINT

- センスよく書くためには「同じ言葉」だけではなく、「同じ意味の言葉」も極力重ねない。
- 「言葉、意味の重複は省く」と機械的に判断するのではなく、TPOに応じて対応を。
- 意味の重複を「省く／省く必要はない」には、さまざまな見解が存在する。

03 「こと・もの・という」をコントロールせよ

私たちが書いたり、話したりするときに、決まって登場するのが「こと・もの・という」トリオ。これら3つの言葉と上手に付き合えば、文章のレベルが確実に上がります。

"まとめて売りたい"ほど登場する3つの言葉

最初にお伝えしておきたいのは、「こと・もの・という」は決して"悪者"ではない"という"点です。日本語の文章や会話の中では、いわば潤滑剤のようなキャラクター。ただし、おおもとの意味を持っていない"という"共通点があります。まずは、例文をご覧ください。

> ①彼は他人の2倍の速さで仕事を進める**こと**ができる。
> ②生きるうえで大切にすべき**もの**とは何だろう。
> ③私はこの春、○○システム株式会社**という**企業に就職しました。

「こと・もの・という」トリオがそれぞれひとつずつ含まれています。ここで"おおもとの意味"を確認しておきましょう。

> **こと**＝出来事、事柄、事件…などの「事」
> **もの**＝宝物、落とし物、物体…などの「物」あるいは「者」
> **という**＝彼は「その通りだ」と言う…などの「と言う」

①～③の例文を改めてご覧ください。「こと・もの・という」には上記

の"おおもとの意味"が含まれていないことに気づかれるはずです。

こんな実験をしてみましょう。①の例文の「こと」を省いてみます。

> 【Before】
> ①彼は他人の2倍の速さで仕事を進めることができる。
> 【After】
> ①´彼は他人の2倍の速さで仕事を進められる。

もしも「こと」が「出来事、事柄」の"事"の意味を持っていたとしたら、省いてしまうと文の意味が変わってしまう危険性がありますね。しかし現実には省いてもまったく問題はありません。これは「意味を持っていないから」こそできる"芸当"。②③についても同様です。

「こと・もの・という」の重複は、極力省く！が原則

では、次の場合は、いかがでしょう？

> **NG**
> ①今回、危機を乗り越えたことで、あきらめないことの大切さを学びました。
> ②無理を重ねてきたものが一気に表面化し、現場の混乱は収拾のつかないものになった。
> ③私の強みは2年間のアメリカ留学という経験で、語学力というスキルで貢献したいと思います。

すでに「重複を省く」（050ページ）を読まれた皆さんなら、ひと目で違和感を抱かれるでしょう。「こと・もの・という」がそれぞれ一文の中で重複しています。間違いではありませんが、センスよく書けているとは言えませんね。そこで……

① 危機を乗り越えた経験から、あきらめないことの大切さを学びました。
② 無理を重ねてきた歪(ひずみ)が一気に表面化し、現場の混乱は収拾のつかないものになった。
③ 私の強みは2年間のアメリカ留学経験。語学力というスキルで貢献したいと思います。

① 1つめの「こと」を「経験」に置き換え、重複を回避。「今回、」は、たとえば「前回」との違いを強調する必要がなければ省けます。
② 1つめの「もの」を「歪」に置き換えました。
③ 「留学という経験」は単に「留学経験」で十分。併せて、やや長い一文を「2つの文」に分けました。

　【NG】文と【OK】文を読み比べて、スッキリ度が増したと感じられれば成功です。とくに一文の中での重複は徹底マークしましょう。
※もう一方の「こと・もの・という」を省く方法もあります。ぜひご自身でお確かめください！

「こと・もの・という」の多用は要コントロール！

　「重複を省く」視点に加え、「こと・もの・という」のケースでは"おおもとの意味"を持っていない点にも注目です。
　ある一定の文字数で書かれる文章の中で"意味を持たない言葉"が必要以上に増えてしまう状況は歓迎できません。企業でいえば一定の社員数のなかで"仕事をしない"社員が増えるようなもの。同時に文章が"間延び"する原因にもなります。
　とはいえ、「こと・もの・という」を省く"こと"に力を入れ過ぎると、今度は文章がギクシャクし始めます。そこで必要になるのが「増え過ぎないようにコントロールする」意識です。

　お手もとの文書、どんな"もの"でも結構ですから、マーカー片手

に読んでみてください。「こと・もの・という」にマーカーを入れていくと、想像よりも多用されている"こと"に驚かれると思います。

NG

危機管理という観点から、当社でも非常用備蓄というものを予算化し、社員の体調管理に資するものになるよう検討を進めることを社長に提言することにした。（72字）

こんな文章を見かけたら、あなたもぜひ、今日からコントロールを始めてみてください！

OK

危機管理の観点から、当社でも非常用備蓄を予算化し、社員の体調管理に資する制度になるよう検討を進める旨、社長に提言する予定だ。（62字）

ここでは試みに「こと・もの・という」をすべて省いてみました。文字数も72字から62字と15％ほどの圧縮に成功。スッキリ感もだいぶアップしました。

POINT

・「こと・もの・という」は、日常の会話、文章に大量に出現する。
・重複を省く原則は「こと・もの・という」も同様。とくに一文の中での繰り返しは徹底チェック。
・「こと・もの・という」の多用は、文章が間延びする原因。増え過ぎないようコントロールする意識を。

04 文末は「キュキュッ」と鳴る バスケットシューズのイメージで

「文末」はライターや編集者が文章を書くときに大切にするポイントのひとつ。わずかなリズムの違いが、印象を大きく左右するからです。ビジネス文書にも応用できるシンプルなルールとコツをご紹介しましょう。

2種類ある「文体」は統一が原則

まずは基本的なところを押さえておきましょう。私たちが書く文章のスタイルは次の2種類で、それぞれに特徴があります。

> ①**敬体**（です・ます調）
>   文末が敬語（丁寧語）の「です・ます（でした・ました）」。
>   ソフトな印象。主にメール、手紙などに用いる。
> ②**常体**（だ・である調）
>   文末に敬語を含まない。主に「だ・である（だった・であった）」
>   など。クールな印象。報告書、企画書などが主な用途。

これらはひとつの文章の中では「統一」が原則。新聞広告などでは意図的に混在させるケースもありますが、一般的なビジネス文書ならば、それぞれの特徴（ソフト/クール）を踏まえ、どちらかに統一と考えましょう。

NG
出張でお世話になったのは、A社の鈴木部長であった。新製品を

ご紹介したところ、とても興味があるとのお話でした。帰京後すぐに見積書をお送りする約束をしました。

　この文章では、1文目の文末が「であった。」で常体、2文目と3文目が「でした。」「ました。」と敬体で、統一がとれていません。読んでみると、どうも"しっくりこない"と感じられるでしょう。

　そこで、1文目の文末を「でした。」と敬体に替えてみました。これでNG文の違和感は解消されるはずです。

OK

出張でお世話になったのは、A社の鈴木部長でした。新製品をご紹介したところ、とても興味があるとのお話でした。帰京後すぐに見積書をお送りする約束をしました。

　文末を敬体に統一した【OK】文。その点では成功ですが、実はさらに気になるポイントがあります。もう一度、文末にご注目ください。

～A社の鈴木部長でした。
～興味があるとのお話でした。
～約束をしました。

　いかがでしょうか。統一はとれたものの、「でした。→でした。→ました。」では、今度はやや「単調」な印象です。
　このようなケースでは、単調な文末に変化を与えることを考えてみます。オススメは次のページ、バスケットシューズのような(!?)文末です。

第3章　読みやすく、分かりやすい文章を書く技術②——「しつこい」を解決する

「キュキュッ」と鳴る
バスケットシューズのような文末とは？

　新しいバッシュを履いて、体育館に入った場面を想像してみてください。軽く走って方向転換すると「キュッ」という音がします。それまで走っていたリズムを変えた瞬間に、靴底が鳴るのです。
　単調な文末に変化を与えるのも、こんなイメージ。つまり、それまでの文末のリズムを「キュッ」と変えてあげるのです。

　先ほどの【OK】文を改めて見てみます。

OK

出張でお世話になったのは、A社の鈴木部長でした。新製品をご紹介したところ、とても興味があるとのお話でした。帰京後すぐに見積書をお送りする約束をしました。

　「です・ます調」で統一されてはいるものの文末が単調で、読み手が心地よく感じるとは言えません。
　そこで……

OK´

出張でお世話になったのは、A社の鈴木部長でした。新製品をご紹介したところ、とても興味があるとのお話。帰京後すぐに見積書をお送りする約束をしました。

　2文目の文末「お話でした。」を「お話。」と変化させてみました。その昔、学校で習った「体言止め」ですね。こうすると「キュッ」という感じで、文末のリズムが変わります。【OK】文と比べると、メリハリの違いを感じられるはずです。

この方法は、センスのよい文章を書くうえで、とても便利。相手に「気持ちよく読んでもらいたい」状況であれば、ぜひ活用してみてください。逆にそうしたケースでなければ、ここまでの気配りは不要です。

コメントを「　」でくくると、文章が立体的に

　さらに、A社・鈴木部長のコメントを「　」でくくると、読みやすさがアップします。

> **OK**
> 出張でお世話になったのは、A社の鈴木部長でした。新製品をご紹介したところ、「とても興味がある」とのお話。帰京後すぐに見積書をお送りする約束をしました。

　コメント部分が分かりやすくなり、読みやすさ、ライブ感がアップ。文章全体が立体的になりました。このように、コメントを「　」でくくる手法はいろいろな場面に応用できます。
　たとえば、取引先との交渉経過を報告書にまとめる際、相手の発言内容をより"生々しく"再現する──といった場面で、とても効果的です。ぜひ、覚えておきましょう。

POINT
- 「敬体」(です・ます調)と「常体」(だ・である調)は統一が原則。それぞれの持ち味(ソフト／クール)で使い分ける。
- 単調な文末に変化を与え、メリハリ感をアップするには、体言止めを交える手法が有効。
- コメントを「　」でくくると、文章が立体的になり、読みやすさがアップする。

05

文末エンジンで、どんどん先を読みたくなる文章に！

どんどん先を読みたくなる文章と、眠くなってしまう文章。グイグイと読み手を引っ張っていくようなリズムのよい文末は、「エンジン」と呼びたくなる働きを見せてくれます。

「体言止め」が持つメリットとデメリット

　ひとつ前の項目では、「体言止め」を活用した"バスケットシューズのような"文末をご紹介しました。
　「です・ます」あるいは「だ・である」が連続する単調なリズムを意図的に変化させる際に便利なのですが、「体言止め」の活用には注意したい点があります。それは……

> ①多用はマイナス
> ②正確な意味を伝える場面には向かないことがある

①多用はマイナス
　「多用」や「重複」は、センスのよい文章の"宿敵"。小気味よいリズムを生み出してくれる「体言止め」であっても、使い過ぎは明らかなマイナスになります。たとえば……

NG
私の強みは営業力。先月も売上ランク3位を獲得。今後もこの調子でベストを尽くす決意。

文末３つがすべて体言止め。これでは、サインしようとした相手がペンを引っ込めてしまいますね（笑）。せめて……

OK

私の強みは営業力だ。先月も売上ランク３位を獲得。今後もこの調子でベストを尽くす決意である。

音読でリズムを確認すれば、無理なく直せるでしょう。
※ここでは常体に修整しましたが、敬体にする方法もあります。

②正確な意味を伝える場面には向かないことがある

たとえば、こんな文中で使われたとしましょう。

３ヵ月後には、本社工場で最新鋭の計測機器が稼働。

青字で示した「稼働」が体言止め。この場合、ほとんどの人がごく自然に「稼働する」と読み取るはずです。

しかし、中には「稼働している」あるいは「稼働していた」と"誤った解釈"をする人が出てくる可能性もゼロではありません。正確な意味を伝える場面では「体言止め」を避け、「稼働する（予定だ）」を選択する――という判断もあるのです。

上司や先輩から「仕事の文書に体言止めは使わないように」と指導された経験をお持ちの方もいることでしょう。理由の説明が無かったとすれば、主にこれら２点への配慮と考えられます。

音読チェックで文末エンジンに点火を！

文末への配慮～文末エンジンの「実例」を見ていきましょう。まずは次の文章をご覧ください。

> 【Before】
> 皆さんの周りにも何人かいらっしゃる「書ける人」と呼ばれる方たちも、実は発想の出発点が編集者と同じです。つまり、「書き方」より「読まれ方」から発想するのです。自分の書いている文章を、常に相手の立場に立って客観的にとらえ、その良否を判断しているのです。「この内容、書き方は相手にとって、どうか？」という視点を持ち続けるのですね。

　実はこれ、本書のコラム草稿の一部です。いったん書き上げたものの「文末のリズム」に改良の余地があると判断し、その後修整を加えました。
　青文字の「文末」にご注目ください。敬体＝「です・ます調」のうち「です」の4連続。とくに「～のです」が3つ続くところは、なんとかしたいところです。
　そこで、音読の出番──。何度か読むうち、文末の改良と同時に、「発想」の重複も気になってきました。

> 【After】
> 皆さんの周りにも何人かいらっしゃる「書ける人」と呼ばれる方たちも、実は発想の出発点が編集者と同じだと私は想像します。つまり、「書き方」より「読まれ方」から考えるのです。自分の書いている文章を、常に相手の立場に立って客観的にとらえ、その良否を判断していきます。「この内容、書き方は相手にとって、どうか？」という視点を持ち続けているのですね。

　実際には「ごくわずか」なリズムの違いですが、【Before】【After】を比較して、より気持ちよく読める「文末エンジン」の働きを感じていただけるでしょうか？
　文末をチェックしてみましょう……

> 同じです。　──→　同じだと私は想像します。

発想するのです。　──→　考えるのです。
判断しているのです。　──→　判断していきます。
続けるのですね。　──→　続けているのですね。

　意図的に「繰り返し」を避け、変化させようとしている点に気づかれると思います。ところが、これで"出来上がり"ではありません。全体にやや引き締め（＝文字を減らそうスイッチ）が足りていない印象なのです。
　この後、最終的にどう変化したのか？　ご興味があれば（お手数ですが）026ページをご一読ください。

文末への気配りより重要なこともある

　ご紹介してきたとおり、リズムよく読み進めてもらうためには、文末への気配りはとても有効です。しかし、それはTPO（＝時と場所と状況）次第。相手に「気持ちよく読まれる必要がない」文章であれば、気配りも"余計なこと"になってしまいます。

　たとえば会議の議事録はどうでしょう。多くの場合「いつ、どこに、誰が集まり、何が決まったのか」を記録しておくのがその役割。気持ちよく読めることよりも、正確さが求められるはずです。
　このようなケースでは、文末への配慮に費やすエネルギーを、文書本来の目的に沿ったもの、この場合なら「記録としての正確さ」に振り向けるべきですね。

POINT
・文末に変化を与える「体言止め」も、デメリットには要注意。
・文末エンジンの"動作確認"には、ぜひ音読を！
・「文末への気配り」はTPO次第。すべての文書に必要ではない。

描写や説明が"劇的"に伝わりやすくなる方法

　文章を書き、相手に読んでもらう行為は、自分の経験や考え方に"共感"してもらうこと——と、言い換えられます。実際にはその場にいなかった相手に、文章を通じて「追体験」してもらうのです。
　この「追体験」がリアルなほど、読み手はあなたの経験、考え方に深く共感でき、メッセージがしっかり届くわけです。相手をより深い共感へと導くうえで、覚えておくと便利な方法を2つご紹介しましょう。

1. 書き手がとらえた「感覚」の順に書く

　場面の説明などでは、書き手がとらえた感覚の順に書きます。
　「お店のドアを開けると、流れてくるのは静かなジャズ。20畳ほどのスペースは、豊かなコーヒーの香りに満ちている。テーブルに着き、隣席との間にある装飾棚の陶製カップを手に取ってみると、ずっしり重い……」
　この場合、「視覚」情報に加え「聴覚」→「嗅覚」→「触覚」という順序を意識して書いています。
　テーブルに着いた後に「流れるジャズ」「コーヒーの香り」を書くとチグハグな感じになりますし、手に取る前の段階で「ずっしり」を書いてしまうと、とても不自然な文章になります。

2. 読み手の視点を誘導する

　主に視覚から得る情報をもとに書くときは、読み手の視線を案内するイメージで書くようにします。
　「駅を降り5分ほど歩くと、正面に木造の大きな建物が見えてくる。近づいてみると、高さ3メートルほどの柱の一本一本に細かい彫刻が施されているのに気づく……」
　徐々に建物に近づき、後半では柱の装飾に焦点を当てています。書き手と一緒に歩いているように感じられれば成功です。

第 **4** 章

読みやすく、
分かりやすい文章を
書く技術③

──────

「自分勝手」を解決する

──────

01

「盛り上がる」では何も伝わらない

私たちが文章を書くとき、基準にするのは自分の感覚や価値観です。ところが、書き手と読み手ではこの基準自体が微妙に異なるケースがほとんど。これを無視した書き方は、思わぬ「行き違い」を生む原因にもなります。

「伝わっているつもり」に注意しよう！

　テレビのスポーツ中継を見ていて、思わず"首をかしげたくなる"場面がありました。スタジオと競技会場とを中継で結び、こんなやり取りが行われていたのです。

> スタジオ「会場の○○さん、そちらは盛り上がっていますか〜？」
> 競技会場「はい。こちらは競技の開始前からたいへんな盛り上がりです！」

　テレビの場合、言葉は画像とともに届けられますので、ほとんどの方は違和感を抱くこともないでしょう。しかし、私は（職業柄？）こう"突っ込んで"みたくなるのです。
　「どう盛り上がっているのですか？」
　この「盛り上がる」は、とても便利なフレーズですね。スポーツだけでなく、いろいろな現場から中継が入るテレビ番組では、必ずと言っていいほど登場します。そのたびに、私は同じ疑問を感じるのです。

　イベントの報告などにも頻繁に登場します。保育士さんの研修によ

く伺うのですが、園から保護者に向けて発信される情報紙の"定番"フレーズが、やはりこれです。

今年の運動会は好天にも恵まれ、たいへんに盛り上がりました。

　当日、現場にいた人が読む分には「確かに、今年は盛り上がったよね！」と、納得できるでしょう。しかし、参加していない実家のおじいちゃん、おばあちゃんが読んだとしたら、果たしてどうでしょう。漠然としたイメージは伝わりますが、それ以上の有効な情報を送り届けているとは言えません。
　テレビ中継にしても、保育園の情報紙にしても、送り手側は「十分に伝わっている」と考えているでしょう。ところが実際は、「伝わっているつもり」になっているケースが多いのです。

その場にいなかった人でも分かるように

　原因は「盛り上がる」という表現自体がとても抽象的だから。受け止める人によって解釈の幅が広く、書き手と読み手の感覚、価値観の違いがクローズアップされやすいのです。
　解決には、「その場にいなかった人でも分かる」ように、具体的に書く――が近道です。たとえば……

今年の運動会は好天にも恵まれ、昨年の1.5倍ほどの来場者を迎えしました。声援に気をよくした子どもたちは、閉会式を終えても「運動会、もっとやりたい！」と興奮ぎみ。終始、大きな拍手に包まれていました。

　これを読んだおじいちゃん、おばあちゃんの口からは、きっとこんな

言葉が出てくるはずです。
「今年の運動会、盛り上がったようだね！」
「盛り上がった」と書いても、伝わるのは漠然としたイメージだけ。逆に当日の様子を具体的に書けば、読み手から「盛り上がったね！」と、感想が聞こえてくる──というわけです。

具体的と抽象的を意識して使い分ける

「具体的に書く」が解決策とは言っても、常にすべての内容を詳細に書いていては、文字数がいくらあっても足りません。状況によってはあえて抽象的に書き、簡略化する判断も必要です。

ビジネスパーソンの朝の様子を描いた文章です。

> 【具体的】
> 午前6時に起床。シャワーを浴び、髪を乾かし、歯磨きをすませ、スーツに着替えて家を出た。

家を出る前の行動を具体的に伝える必要があれば、このような書き方もあり得るでしょう。しかし、家を出た「その先」のことを伝えたいのであれば、簡略化する、あるいは省くという判断も必要になります。

> 【簡略化】
> 身支度をすませて家を出た。

「起床〜」から始まる【具体的】の中身すべてを「身支度」という言葉でまとめ（＝抽象化）、スピードアップを図りました。たとえばこの日、仕事場で起きた出来事を述べるのであれば、これで十分ですね。

では、もうひとつ。営業セクションでのリーダーと部下のやり取りをイメージしてみてください。ミスを防ぐため、確認事項の徹底をリーダーが呼びかけている様子です。

> 【具体的】
> 持ち物を各自確認。名刺、手帳、筆記用具、スマホ、カタログ、申込書類、電卓、印鑑。次に身だしなみを相互確認……。

　よくある光景ですが、毎回リーダー直々にこれを繰り返していたのでは、業務の遅滞につながりかねません。日々の確認はスタッフ同士で行うこととし、リーダーはこんなひと声をかけて、サッと仕事に入りたいもの――。

> 【簡略化】
> いつもの確認をしっかり！

　この短い言葉の中に、前述の【具体的】な内容が含まれていることをスタッフが理解していれば、リーダーの役割はコンパクトな指示で十分でしょう。これも「具体的」と「簡略化」を意図的にコントロールする例です。

　今まで私たちの多くは、「具体的に書く／抽象的に書く」を無意識のうちに使い分けていたはずです。これを意図的にコントロールすることによって、細部にまで神経の行き届いた、伸縮自在な文章に近づけていきましょう。

POINT

- 抽象的な表現は読み手による解釈の幅が広く、「伝わっているつもり」になりがち。
- 「その場にいなかった人でも分かる」よう具体的に書く。
- 具体的にかみ砕くところ、抽象的な表現でコンパクトにまとめるところを意識し、書き分ける。

02

自分の常識は、相手の"非"常識

「ネットで見かけたから」という理由で、安易に言葉を選んでいませんか？私たちの感性、価値観は1人ひとり異なります。「読まれ方」への配慮が不足した、自分勝手な表現に注意しましょう。

お礼のメールで上司の表情が曇った理由とは？

　新人のAさんが配属された日の夜、部署の有志が集まり歓迎会が開かれました。翌朝、Aさんは上司にお礼のメールを送ります。ところが、その文面を目にしたとたん、上司の表情がみるみる曇っていったのです。果たして、どんな内容だったのでしょうか……

NG
（略）……昨日はお忙しい中、貴重な機会を設けていただきまして、ありがとうございました。感謝の気持ちでいっぱいです。今後は1日でも早く戦力になれるよう……（略）

　少し考えてみてください。このメールのいったいどこに、上司の表情を曇らせる要素が含まれていたのでしょう？

　これは、あくまでも私の意見ですが……

> 感謝の気持ちでいっぱいです。

これが"犯人"だと思います。なぜなら、あまりにも出回り過ぎた、使い古されたフレーズで、相手のことを深く考え、言葉を選んで書いたメールとは受け取られない可能性があるからです。
　念のために補足しますと、Aさんは間違えたわけでも、心を込めず、いい加減に書いたわけでもないと思います。ところが、読み手である上司には、どこか薄っぺらな、ネット上の文例をコピペしたような、安易な表現に感じられたのです。

　あなたがAさんだったら、「そんなつもりで書いたのではありません！」と、抗議したくなるでしょう。しかし、こればかりは仕方がありません。自分が書いた内容（＝気持ち）を、相手も"その通り"受け止めてくれる保証はどこにもないのです。

誰でも書ける内容では、相手の心に届かない

　こうした行き違いがさまざまな場面で起こり得るのは、私たちの感性、価値観が1人ひとり異なるから──。私自身も「感謝の気持ちでいっぱいです」というフレーズは、心からの感謝を伝える際には不向きと感じます。言葉が"軽過ぎる"印象があるのですね。

　では、こうした状況ではどんな言葉、フレーズを選ぶべきなのでしょう。避けたいのは、「それだったら、誰でも言えるよね！」という印象を与えること。心の深いところからにじみ出てきたような、オリジナリティー（独自性）あふれる言葉選びを意識すると、よい結果につながります。

OK
① 〇〇さんの仕事への想いを伺い、早く戦力になりたいという気持ちがあふれてきました。とくに「スタッフとその家族全員が幸せになれるように」というお話が、深く印象に残っています。
② 生まれて初めての本格的な薩摩料理。豚肉の角煮と芋焼酎が口の中で生み出すハーモニーは一生モノの思い出です。

第4章　読みやすく、分かりやすい文章を書く技術③──「自分勝手」を解決する

いかがでしょう。このような「その場にいた人にしか書けない内容」を盛り込めば、【NG】文の「そっけなさ」が解消できそうです。
ちなみに、最近多く目にする同種のフレーズ、「感謝しかありません」にも注意していきましょう。

小さな子を引率しているイメージで書く！

書き手と読み手の感覚、価値観が異なることによる影響は、さまざまな場面、文章に現れます。なかでも「得意とする分野」「熱中しているテーマ」などについて書く際には、とくに注意が必要です。

競馬の魅力は、競走馬の美しさに加え馬券のスリル。とくに「単勝」が的中したときの快感は、カラダの芯がしびれるほどです。

競馬に興味をお持ちの方なら、違和感なく自然に読める文章ですね。ところが、読み手に十分な事前知識がないと仮定すると、「単勝」という専門用語には注意が必要です。

つまり……

書き手＝内容を熟知している。
読み手＝事前知識があるとは限らない。

ここに認識のズレ〜いわば「温度差」が生じるのです。書き手にとっては「当たり前」のことでも、読み手には「初耳」の場合もある──。こうした意識をキープした状態で、「この言い方で伝わるか？」と常に自問自答をしながら書き進めるようにしましょう。

競馬の魅力は、競走馬の美しさに加え馬券のスリル。とくにレースの1着馬を当てる「単勝」が的中したときの快感は、カラダの芯が

> しびれるほどです。

　詳しく書いた分、文字数は増えましたが、競馬についてあまり知識がない人でも、これなら抵抗なく読めそうです。

　「温度差」の存在――。つまり、文章を書く人にとっては「常識」に思えることも、読み手には「"非"常識」という例は、世の中のいたるところに転がっています。書くことは、まさにこのギャップを埋める作業と言い換えられるでしょう。

　温度差の存在を常に意識するためにオススメなのが、「小さな子を引率しているイメージで書く」です。
　小さな子を引率するとき、私たちは「ちゃんとついて来ているかな」と、頻繁に後ろを振り返ります。文章を書くときもこれと同様に、「この書き方で伝わるかな」と、常に相手の立場に立って読み返し、確認しながら進めるのです。

　書き手と読み手は、感覚も価値観も違う者同士。常に「誤解される」前提に立ち、相手の視点で読み返すことを心掛けましょう。

POINT

- 私たちの感性、価値観は1人ひとり異なる。自分が書いた内容（気持ち）がその通り伝わるとは限らない。
- 自分にしか書けない「オリジナリティー」を重視する。
- 書き手と読み手の認識のズレ、温度差に注意。「小さな子を引率するイメージで書く」がオススメ！

第4章　読みやすく、分かりやすい文章を書く技術③――「自分勝手」を解決する

03

「美しい」と書かずに、「美しい」と感じさせるには？

「人間は感情の動物である」と、言われます。確かに私たちは四六時中、ありとあらゆる感情を抱きながら生きています。ここでは、そうした「人の気持ち」の扱い方について考えていきましょう。

「ナマの感情」は書かず、事実を書く

　さまざまな文章、とくにビジネス文書やメールを書く際、覚えておきたいことのひとつに、「ナマの感情」の扱い方があります。ナマの感情とは、書き手が抱いた気持ちそのまま――のこと。たとえば……

> **NG**
> ①先方からいきなり取引の中止を宣言され、とても悔しく、同時に腹立たしい気持ちになった。
> ②うれしかったのは、3年に及ぶ営業活動が契約という形で実を結んだことです。

　2つの文には「悔しい」「腹立たしい」「うれしい」という、書き手の気持ちをそのまま言葉に置き換えた表現が含まれていますね。読んでみて、どんな印象を持たれましたか？
　たとえば仕事で書く報告書などにこうした表現が多用されているとすると、読み手のこんな反応が心配になります。

①私は「あなた」ではありません。「悔しい」「腹立たしい」「うれしい」と書かれても、その真意までは分かりません。
②小学生の作文や日記ではないのですから、もう少し冷静に書かれたほうがよいのでは？

　誤った文章を書いたわけでもないのに、相手にこうした印象を抱かれてしまうのは、あまり得策とは言えませんね。
　では、どうすればよいのでしょう？　試しに「ナマの感情」の部分を省いてみました。

①先方からいきなり取引の中止を宣言された。
②3年に及ぶ営業活動が契約という形で実を結びました。

　書き手が日頃から真剣に仕事に取り組んでいる人であれば、「取引中止」あるいは「契約獲得」という事実に直面したときにどんな気持ちになるのか……。「それは、悔しかったことだろう。腹も立っただろう」「よくがんばった。さぞや、うれしいだろう」と、相手は容易に想像できるのです。
　これを考えずに「ナマの感情」をベタベタと書き連ねることは、相手の想像力に不必要な上塗りをするようなもの──。「いちいち、そこまで書くなよ」という声が聞こえてきそうです。

　とくにビジネス文書の場合、個人的な感情は控え、客観的な事実を中心に組み立てるのが基本。実務には、プレゼンテーションなど熱い想いをストレートにぶつけるべき場面もありますが、それは伝える姿勢や表情などでカバーするものとし、文章自体は冷静な書き言葉で構成する作戦をオススメします。

「美しい」「元気」の基準は人それぞれ

　同様に、「美しい」「元気」など、日常よく使われる表現にも注意が必要です。

> **NG**
> ①今度の旅行で一番印象に残ったのは、海辺の美しい光景です。
> ②入院中の彼を見舞ったが、意外に元気そうだった。

　なんでこれが【NG】なの？　と、疑問を持たれる方も多いでしょう。そのとおり、日本語としてはまったく問題ありません。
　しかし、注意しなければならないのは、これらがいずれも「個人的な印象」をそのまま言葉にしている点です。

①「美しい」と感じる基準は当然のことながら、人それぞれ異なります。とくにトラブルを招くような書き方ではありませんが、書き手の真意がどこまで届くかを見極める必要がありそうです。
②同様に「元気」の基準、意味合いも"同じ"ではありませんね。この後にお伝えする「具体的な数字」を駆使する方法（084ページ）などがオススメです。

> **OK**
> ①今度の旅行で一番印象に残ったのは、波静かな海に沈んでいく夕陽を眺めた時間です。
> ②入院中の彼を見舞ったが、食欲もあり、1日2回も外気浴に出ているようだ。

①「美しい光景」と書くよりも容易に「その場面」が想像でき、書き手と読み手の間の情報共有、共感の度合いが一段と深まります。

②このように具体的に書けば、読んだ人により正確に様子が届きます。単に「元気」と書くよりも、現実感を伴って「ああ、彼は意外に"元気"なんだな」と受け止めてくれるでしょう。

「自分勝手な書き方」を避ける方法

見てきたとおり、「悔しい」「腹立たしい」「うれしい」、そして「美しい」「元気」などは、読まれ方、受け止められ方に注意を払わないと、「自分勝手な書き方」と言われかねません。

なぜなら、これらは自分自身の感じ方や価値観をそのまま基準にする書き方だから。自分以外の読み手とは、そもそも価値観自体が異なるのです。

2つの表現を比較してみてください。

> ①とても優秀な営業スタッフ
> ②売上高2年連続トップの営業スタッフ

②では、単に「優秀」という抽象的な表現ではなく、「どう優秀なのか」を具体的に書いた結果、読み手がよりイメージしやすい文章になっています。これなら「自分勝手な書き方」とは言われませんね！

POINT

- とくにビジネス文書では、個人の感情や印象に基づく表現は控え、客観的な事実を書くことに徹する。
- 「美しい」「元気」など、書き手の感じ方や価値観のみに基づく表現は、伝わり方に注意する。
- 「自分勝手な書き方」を避けるためには、抽象的な表現を避け、具体的に書く。

04

具体的な「数字」を味方につける

説明の上手な人、話に説得力がある人に共通するのは、「数字の使い方がうまい」こと。抽象的で分かりにくい文章の"改良"には、具体的な「数字」が強い味方になってくれます。

「すごいカメラです」では、何も伝わらない

まずは、①と②を読み比べてください。

> ①「**小さい**カウンター」のある店。
> ②「カウンター **6席**」だけの店。

　目を閉じたとき、アタマの中により"鮮明な"絵が浮かぶのは、どちらでしょうか？
　「小さいカウンター」という表現は、受け手によって印象がさまざまに変わりそうですが、「カウンター6席」と書かれると、ある程度パターンが絞られる分、より鮮明な絵が見えてくるはずです。
　この場合、「小さい〜」より「〜6席」のほうがより具体的な書き方ですね。とくに数字が持つ「伝える力」を感じていただけると思います。
　では次に、これはどうでしょう？

> ①**すごい**カメラです。
> ②当店**売れ筋第2位**のカメラです。

これも先の例と同様に、「売れ筋第2位」のほうが「すごい」と言われるよりも説得力を感じます。やはり具体的な数字が、より明確なメッセージを伝えているのです。
　たとえば乗用車やパソコン、スマホやカメラなど主に「機能」が購買の判断材料となる商品の広告などでは、スペックと呼ばれる「性能の詳細」が書かれているのが普通です。
　クルマであればエンジンのパワーや燃費、パソコンなら処理速度や画面サイズ、スマホなら通信性能やストレージの容量、カメラならレンズの明るさや画像処理能力……と、これらはすべて、例外なく「数字」で表わされるのです。
　「すごい」「高性能」などと書けば、確かに勢いや雰囲気はある程度伝わりますが、それ以上に雄弁なのが「数字を使った具体的な内容」なのです。

　次の文をご覧ください。
　某企業が見本市に出展。様子を見に来た若手社員が会場の状況を上司に報告しているところです。

NG

当社の展示ブースには朝から**たくさんの**お客様がおいでになり、**大盛況**です。担当者も**とても張り切って**います。

　「たくさんの〜」「大盛況」「とても張り切っている」はいずれも抽象的で、若手社員の主観や印象に基づく表現。これらは受け手によって解釈の幅が大きく、「報告せよ」と指示した上司もこの内容ではOKできないでしょう。
　「たくさんのお客様って、どれくらいの人数なんだ？」……という"突っ込み"が聞こえてくるようです。

第4章　読みやすく、分かりやすい文章を書く技術③──「自分勝手」を解決する

> **OK**
>
> 当社の展示ブースには午前中だけで20組の来客。そのうち3組とは具体的な商談となり、担当者は昼食休憩を1時間ほど後回しにして対応しています。

　【NG】文の抽象的な箇所を、主に数字を使って具体的な内容に書き替えたのが【OK】文です。

> 「たくさんの〜」
> →午前中だけで20組の来客
> 「大盛況」
> →そのうち3組とは具体的な商談となり〜
> 「とても張り切っている」
> →昼食を1時間ほど後回しにして対応

　この内容ならば、会場に行っていない上司にも最低限の「状況の報告」ができたと考えてよいでしょう。ここでも決め手は具体的な「数字」なのです。

数字の誤りは「致命傷」になる

　具体的な「数字」を活用して文章を書くことの大切さについてお伝えしてきました。ここでとくに注意したいのは、「数字の誤り」です。
　漢字やひらがな、カタカナの書き間違い、「てにをは」や係り受けなど文法的な誤りに比べ、数字の誤りは「致命傷」になる可能性が高いからです。
　文字のタイプミスや勘違い、文法の軽微な誤り程度であれば、読み手が「本当はこう書きたかったのでは？」と、類推してくれる可能性がゼロではありません。ところが数字の場合、よほど注意深く整合性などをチェックしない限り、誤った数字がそのまま"独り歩き"してしまうのが普通です。たとえば、正しい数字が「300億円」だとします。

> ①弊社今年度の売上高は**300円**だった。
> ②弊社今年度の売上高は**280億円**だった。

　①のような「単位の誤り」であれば、異状な数値として気づかれる可能性が残りますが、②のような誤りは、ほぼ絶望的。重大な過失に直結してしまいます。

※もちろん、読み手にミスのカバーを期待すること自体が論外。第5章（094ページ）でお伝えする「客観視」の方法を使って、徹底的に確認〜推敲を行うのは当然です。

　最後に、こうした事態を招かないために、覚えておくと便利なテクニックをご紹介します。それは「数字"だけ"をチェックする方法です。
　私たちが文章の内容を確認するとき、「漢字の誤変換はないか」「言い回しに不備はないか」「人名など固有名詞は正しいか」、そして「数字に誤りはないか」……などなど、一度に複数の項目に目を光らせるのが普通です。
　これに対し、「まずは社名・人名だけを確認」「次に数字だけを確認」……というようにポイントを絞ってチェックする、プロ仕様の方法があるのです。
　とくに重要度の高い文章であれば、この「数字だけチェック」がオススメです。ぜひ、お試しください！

POINT

- 書き手の主観や印象に基づいて書かれた文章の改善には、具体的な「数字」が強い味方になる。
- 「すごい」「高性能」などと書くより、数字を使った具体的な内容のほうが雄弁。
- 数字の誤りは致命傷になる。客観視による確認に加え、「数字だけチェック」で正確を期す。

迷わず「読点」を打つヒント

「"てんまる"の打ち方に、今ひとつ自信がない」……こんなお悩み、各地で伺います。ここでは覚えておくと便利なポイントを2つご紹介しましょう。

1. 読点の役割は「誤読・難読を避け、読みやすくする」こと

読点は「息つぎのところで打つ」と、学校で習った記憶がありますが、より実用的に考えると、次のように整理できます。

読点は「誤読・難読を避け、読みやすくする」ために打つ。「誤読」とは「正しく読点を打たないと、誤った意味が伝わってしまう」状態。「難読」とは「読点を打たないと読みにくい」ものです。

- 誤読を避ける＝「少し前夫と買い物に行った」→「少し前、夫と買い物に行った」
- 難読を避ける＝「すもももももももものうち」→「すももも、もももも、ものうち」

この2つに該当しない読点は、極力「打たない」方向で考えます。

2. 短い主語の後の読点は省く

短い主語とは、「私は〜」「今日は〜」など。これらの直後に読点を打つ／打たないは、悩ましいところです。通信社、新聞社などで広く使われているルールでは、「打たない」が原則。ただし、たとえば「ここはつくばみらい市です」と、直後にひらがなが続く場合などは、前述の「難読を避ける」意味で読点を打つ配慮も有力です。

ちなみに、長い主語（主部）の場合は「打つ」ようにします。

- 長い主語＝「10年間悩み続けた問題がようやく解けた」→「10年間悩み続けた問題が、ようやく解けた」

※参考文献『記者ハンドブック 新聞用字用語集・13版』共同通信社刊

第5章

やったモノ勝ち！「言葉・フレーズ貯金」を増やす方法

01
「言葉・フレーズ貯金」は なぜ必要か？

ここまでは、文章を書くときすぐに使えるコツ、テクニックをご紹介してきました。2章〜4章の内容だけでも、あなたが書く文章はガラッと変わるはずです！　この5章では、文章を書くうえで必要になる「言葉・フレーズの貯金」の話題からスタートしましょう。

言葉はアタマの中のイメージを引き出す磁石

あなたが初めて外国の方と「英語」で話したときのことを思い出してみてください。「最初から完璧だった！」という方は、私を含め、ほとんどいないでしょう。

「話したいことはあるのに、これ、英語で何て言えばいいんだろう」。適当な言葉が浮かばず、モドカシイ思いがこみ上げる……。そんな経験をされたのではないでしょうか。

このとき、アタマの中には伝えたい内容が"日本語で"浮かんでいたはずです。ところが、それを近い意味の英語に置き換えられなかったのですよね。つまり、置き換えるための英語（単語）が準備できていなかったというわけです。

実は日本語の文章を書くときにも、同じようなことが起きています。

私たちが「書く」ことは、アタマの中にあるイメージを「言葉」に置き換えて外に出す作業です。置き換えるための「言葉」が準備されていなければ、イメージを書き出し、人に伝えることはできません。

つまり、「言葉」はアタマの中のイメージ、伝えたい内容を引き出す

磁石のようなものなのです。

　外国語に習熟してくると、「ああ、こういう表現がピッタリだ」と、その場面に応じた適切な言葉がすぐに浮かび上がってくるようになります。「言葉の貯金」が十分に準備された状態ですね。
　これは日本語でも同じです。私たちのアタマの中の複雑な思いやイメージを伝えるには、それを磁石のように引き出してくれる、バリエーション豊かな「言葉の貯金」が必要不可欠なのです。

　「文章を書くと、いつもワンパターンになってしまう……」というお悩みを持つ人の多くは、「言葉の貯金」が十分でなく、バリエーション豊かな表現ができないのです。

言葉には定番の組み合わせ＝フレーズがある

　私たちが文章を書いているとき、無意識のうちに多くの時間を割いているのが、「言葉と言葉（名詞と動詞など）をどう組み合わせるか」という点です。
　たとえば、「検討」であれば……

- 検討する
- 検討を行う
- 検討を重ねる

などがよく登場する組み合わせ。こうした「定番」と言えるようなパターン（＝フレーズ）は、毎回考えたり調べたりするのではなく、「検討」と書こうと思った瞬間に浮かんでくるようにしたいものです。
　スポーツ選手が競技後のインタビューで、「体が勝手に反応してくれた」などと話すことがあります。同じように、たとえば「検討」なら「重ねる」などと即座に反応できるよう、「フレーズの貯金」を増やしていく必要があるのです。

フレーズの貯金が増えてくると、以下のような言い回しに対してすぐに「おかしい」と気づき、修正できるようになります。

NG
入社以来、常にコンプライアンスされた文書を作成してきました。

「コンプライアンス」は、かつて「法令順守」と意味が補足されることが多い言葉でしたが、今はそのまま使われるケースが大半です。

問題は、「コンプライアンスされた文書」というフレーズ。お気づきのとおり、あまり使われない言い回しですよね。通常よく使われるのは……

OK
入社以来、コンプライアンスを重視した文書を作成してきました。
入社以来、コンプライアンスに基づく文書を作成してきました。

「コンプライアンス」という言葉を使おうと思った瞬間に、こうしたフレーズが浮かんでくるようになると、この本のもうひとつのテーマである「なるはやで書く」も、おのずとできるようになっていきます。

どうすれば「言葉・フレーズ貯金」が増えるのか？

では、いよいよ「言葉・フレーズ貯金」を実際に増やす方法を考えていきましょう。次の通り、とてもシンプルです。

①たくさん取り込む
②繰り返し読んだり聞いたりすることで、自分のものにする

①「言葉・フレーズ貯金」を増やすには、日頃から信頼性の高いメディア、たとえば大手出版社の雑誌、新聞のコラムを読む、あるい

はNHKのニュースを聞くなどを通じて、さまざまな言葉、フレーズを積極的に取り入れることをオススメします。

雑誌、新聞コラムであれば丁寧に読み、知らない言葉があればノートなどに書き出して意味を調べる。NHKのニュースであれば、食事を取りながら聞き流す――。これらは私自身が続けていることです。
※新聞のコラムを使った具体的な方法は「アタマの中の日本語データベース『ことばの森』を育てる」（098ページ）でご紹介します。

②取り入れて"しまっておく"だけでは、有効な貯金とは言えません。「ここぞ」という場面で的確に使うためには、新しい言葉やフレーズと、少しずつ"なじんでおく"ことが必要です。

そのためには、何よりも「取り入れる行動」の継続が大切。何度も読んだり聞いたりするうちに、新しく取り入れた言葉やフレーズが、「よく知っている言葉、フレーズ」に徐々に変わっていきます。

このような過程を経て、言葉やフレーズは、やがてごく自然に使いこなせる「自分の言葉」へと進化していくのです。

POINT

- 言葉の貯金は、アタマの中のイメージを引き出す"磁石"のようなもの。不足すると文章がワンパターンに。
- フレーズの貯金が増えると、定番の言い回しは"考えなくても"書けるようになる。
- 「言葉・フレーズ貯金」を増やすには、たくさん取り込み、徐々に自分のものにしていく。

02

書く力は読む力

この本のテーマは、「センスのよい文章」を「なるはやで書く」こと。あなたの「書く力」に磨きをかけていくのが目的です。ここでは「書く力」と"表裏"の関係にある「読む力」に注目していきます。

「書く」ために必要不可欠な読む力

　私たちが文章を書いているとき、実際にはどんなことが起きているのでしょうか。実は「書く」だけではなく、次のように「読み返す」「判断する」が繰り返されています。

書く	アタマの中のイメージを言葉に置き換える
読み返す	書いた内容をチェック
判断する	読み返した内容のOK／NGを決める
書く／直す	OKなら書き進める／NGなら直す
読み返す	書いた（直した）内容をチェック
⋮	⋮

　「書く力」が単独で存在するのではなく、実際は「読む力」に支えられていることが分かります。いま書いた内容でいいのかどうか、何度も戻って確認しながら書き進めているのです。
　加えて段落単位、あるいは文章全体など、ある程度まとまった段階でも、私たちは読み返すことによって、自分の書いた文章の良しあしを判断しています。

書きながら何度もこまめに読み返す、あるいは段落、文章全体の単位でじっくりと読み返す。いずれにしても、「書く」と「読む」がペアになって進んでいくことを押さえておいてください。

読む力の発揮に欠かせない「客観視」

　あなたが書いた文章を最初にチェックするのは、ほかの誰でもなく、あなた自身。その精度によって、仕上がりの良しあしが大きく左右されるのは言うまでもありません。修正すべき点に的確に気づければ、よりよい文章になりますし、重大なミスを見落としてしまえば、仕事に悪影響を及ぼすことになりかねません。

　そこで必要になるのが「読む力」。これはお話ししてきたとおりです。とくに自分の文章を"第三者"的なシビアな目でチェックし、修正する「客観視」が欠かせないのです。

　自分が書いた文章のミスや欠点にはなかなか気がつかないのに、他人の文章ならすぐに気づく――。"文章あるある"のひとつですね！ 他人の文章なら気づくというのは、「客観視」できているから。第三者的な視点で冷静に見ているからこそ発見できるのです。

　とはいえ、実際に客観視することは簡単ではありません。なぜなら、「自分で書いている」から（！）。そこで、筆者が実践している具体的な方法をご紹介します。

確実に「客観視」できる3つの方法

　「センスのよい文章」を書くうえでは欠かせない客観視。実行には次の3つがオススメの方法です。

---

①音読
②時間を置く
③プリントアウト

①**音読**
　小学校の国語の時間のようですが、客観視の方法としてはとても便利。文章を目で追うだけでなく、実際に声に出して読むことによって、自分の文章を違った視点、センサーで感じられるのです。
　また、書いた文章の「読みやすさ」を測るツールとしても、とても優秀。速めの音読でスンナリ読めるようならOK。あちこちで引っ掛かったり、同じところで流れが澱んでしまったりするようならNG。まだまだ推敲の余地「大」と考えます。

②**時間を置く**
　ラブレター（少々古いですが…）、抗議文（クレーム）など、書いていて"感情がたかぶりやすい"文章の客観視にはとくに有効。もちろん、日常のビジネス文書などを客観視する際にも使える"定番"メニューです。
　書き終わってすぐに送信・発信するのではなく、一度アタマを冷やす時間を確保する、できればひと晩寝かせるのが"先人の知恵"。時間を置くことによって、自分の文章を冷静に、客観的な視点で読み返せるのです。

③**プリントアウト**
　3つの方法の中でも最強の武器と言えそうなのが、プリントアウトです。
　「プリントアウトしたら、OKと思っていた文章を直したくなった」という経験は、多くの方がお持ちでしょう。これがプリントアウトの実力。モニターを見つめているときの"書き手"の視点が、プリントアウトを読むことによって"読み手"の方向へと近づくのです。
　「書く」作業が停滞しているときにはとくに有効。プリントアウトを作業テーブルなどに並べて眺めることができれば、それまで思いつかなかったような大胆な入れ換えなど、改良案が出てきやすくなります。

[番外] これらの合わせ技

　筆者が愛用しているのは、この「合わせ技」です。文章を書いていて、行き詰まってしまった状態を打開するには極めて有効。ぜひ、お試しください！

> ①書く作業が行き詰まったら、いったん中止しプリントアウト
> ②散歩する／食事をとる／シャワーを浴びるetc.
> ③"プリントアウトを"読み返す

　最後の「プリントアウトを読み返す」が最大のコツ。ここでモニター「画面」に戻るのではなく、プリントされた「紙」に戻るのです。
　散歩などでリフレッシュされた心身で読み返せば、時間を置く効果とプリントアウトの効果が文字通りダブルで訪れます！

　いざ直すとなったら「ここはできているから、触らない」という「聖域」を設けないのがポイント。いったんOKを出した部分であっても、惜しみなく（！）手を加えていきましょう。

　自分の文章のOK／NGを判断する「読む力」について取り上げてきました。的確な判断をするためには、的確な「判断基準」が必要です。次の項では、この「判断基準」をよりよく育てていく方法についてご紹介していきます。

POINT

- 「書く力」は単独で存在するのではなく、「読む力」と表裏一体の関係にある。
- 「読む力」を十分に機能させるには「客観視」が必須のプロセス。
- 書いた文章を「客観視」するには、音読、時間を置く、プリントアウトが有効。

第5章　やったモノ勝ち！「言葉・フレーズ貯金」を増やす方法

03
アタマの中の日本語データベース「ことばの森」を育てる

センスのよい文章を書くには、「言葉・フレーズの貯金」が欠かせません。これを貯えておく場所は、アタマの中にある日本語データベース。私たちが文章を書くときには、このデータベースが大活躍します。

「ことばの森」は文章を書くときの判断基準

　私たちが文章を書くとき、フル回転しているのがアタマの中の日本語データベース。本書では、これを「ことばの森」と呼ぶことにします。
　当初は樹木もまばらだったところに、聞く、読む、話す、書くなどさまざまな経験を通じて深く豊かな「ことばの森」が育っていく――。そんなイメージです。
　今まさに書いている文章、目の前にある言葉ひとつひとつの「OK／NG」を決めるのも、この「ことばの森」の役割です。データベースに収められた「言葉・フレーズの貯金」を参照しながら、「こういうときには、よくこんな言い方をする」あるいは「こんな言い方はしない」などの判断を繰り返しているのです。

　「言葉・フレーズの貯金」が充実している、豊かな「ことばの森」を持つ人は、自分が書いている文章について、良質なデータベースに基づく的確な判断ができます。いっぽう、「ことばの森」が発展途上の人は、的確な判断を下すのが難しいのです。

> 豊かな「ことばの森」
> 「言葉・フレーズの貯金」が充実した良質のデータベース。文章を書く際の判断基準として十分な働きをする。
> 発展途上の「ことばの森」
> 「言葉・フレーズの貯金」が不足ぎみ。文章を書く際の判断基準として十分な働きをするとは言えない。

「ことばの森」は文章の良しあしを判断する基準。「ことばの森」を育てることは、そのままよりよい文章を書く力につながっていくのです。

豊かな「ことばの森」を育てる方法

文章を書くうえで必要な「言葉・フレーズの貯金」を増やし、「ことばの森」を育てる――。そのための有力な方法が「朝刊コラムの書き写し」です。高校時代に「宿題」で経験された方も多いことでしょう。

全国紙、地方紙を問わず、朝刊1面の下のほうに「コラム」と呼ばれる囲み記事があるのをご存じだと思います。私たちが「言葉・フレーズの貯金」を充実させ、豊かな「ことばの森」を育てていくための、最も手軽な"道具"のひとつ。これを時間があるときに「書き写す」のです。

実際に「書き写す」とき、私たちはコラムを読み、ある程度の言葉の"かたまり"をアタマに入れ（＝インプット）、紙面を見ずにペンを走らせます（＝アウトプット）。このインプット→アウトプットを何度も繰り返すうちに、言葉やフレーズの使い方などが、さまざまな文例とともに身に付いていくのです。

これを1年、2年と継続すると、私たちは従来よりも速く、ラクに書けるようになります。言葉やフレーズの貯金が増えれば、的確な表現が浮かびやすくなり、文章の「OK／NG」を素早く判断できれば、悩む時間が少なくてすむからです。

朝刊コラム書き写しは、タイプより手書きで

　では、始めるにあたって準備するアイテムなどについて、ご紹介していきましょう。もちろん「これ以外はダメ」ではありません。ご自身に合った方法をぜひ工夫してみてください。

①朝刊

　全国紙でも地方紙でも、あなたが購読されているものがあれば、それでOK。購読していない方にはWebが便利です。全国紙各紙とも公式サイトにコラムが掲載されています。（※一部有料・2019年5月現在）。

・朝日新聞「天声人語」（※有料）
・毎日新聞「余録」
・読売新聞「編集手帳」（※有料）
・日本経済新聞「春秋」
・産経新聞「産経抄」（※有料）

②筆記具

　使い慣れたものでOKですが、筆者は気合いを入れる意味で「万年筆」を使用。キャップをひねると背筋が伸び、「書く」モードに入れます。パソコンやスマホで入力する方法もありますが、"カラダで覚える"スタイルの手書きがオススメです。

　紙面を書き写す方は縦書き、Webの方は横書きで。目で文字を追う方向と書く方向をそろえましょう。

③ノート

　とくに「これ」というものはありません。筆者は200字詰めの原稿用紙ですが、大学ノートでも広告のウラでも、もちろんOKです。一部の新聞社からは「書き写し専用ノート」が発売されています。興味のある方は、調べてみてください。

　原稿用紙やノートを使う場合、紙面上の「改行」は無視して、マス

目や行を目一杯に使っても問題ありません。

④その他

ストップウォッチ、タイマーなどがあると、時間制限のあるゲーム感覚で楽しめます。

書き写しをいつ行うかは自由ですが、朝のコーヒーのように「一日のスタート」のルーティンにできれば理想的。仕事に向けエンジンを始動する効果も期待できます。

書き写しを続けるヒント

アタマの中の日本語データベース「ことばの森」が豊かになれば、文章を書く力は確実にアップします。そのためには、朝刊コラムの書き写しが有効なのですが、続けることは簡単とは言えません。そこで、継続のためのヒントをいくつかご紹介しておきましょう。

> ①やりたくなければ、休む。
> ②自分の良心が「Yes」と言えない話題はパスする。
> ③何のために書き写すのか？ 「初心」のメモを読み返す。
> ④「読み比べ」は停滞した気分を一掃する密かな楽しみ。

①やりたくなければ、休む

やりたくない状態で無理やりペンを握っても、あまりよい結果にはつながらないと私は思います。義務感や、やらされ意識では結局、長続きしません。

あなたの良心が「今日はダメ、無理」と言う日は休んでしまいましょう。休んでも、それまでの"貯金"が消えてしまうわけではありません。次の日、あるいはその翌日、気持ちが整ったところで再開すればよいのです。

②自分の良心が「Yes」と言えない話題はパスする

たとえば政治的な話題など、世論が賛成／反対に大きく分かれて

いるようなテーマも、朝刊コラムにはときどき登場します。あなたがコラムの論調に「共感できない」なら、その日はパスしましょう。

　あなたの良心が「Yes」と言えない内容では、言葉や文章を素直に受け入れる気持ちになれません。これでは「ことばの森」の栄養になりませんよね。

③何のために書き写すのか？　「初心」のメモを読み返す

　「なぜ、書き写しを始めようと思ったのか」。あなたの初心を、いつでも読み返せるところに書きとめておきましょう。再スタートのエンジンがかからないときに、力になってくれるはずです。

④「読み比べ」は停滞した気分を一掃する密かな楽しみ

　「意を決して始めてみたものの、結局挫折してしまった」という方にオススメなのが、書き写しではなく読み比べ。再開に向けた気分転換には、ぴったりのメニューです。

　著名人の死去、多くの人が注視する記者会見、一流アスリートの引退など、大きな出来事が報じられた翌朝の各紙で、コラムのテーマがそろうことがあります。それぞれがどんな切り口で「その出来事」を描き出すのか……。コラム執筆者にとっては腕の見せどころ。締め切りが迫るなか、文字通り"命を削って"書かれたものを、ぜいたくにも読み比べてみるのです。

　同一のテーマであっても、取り上げ方はかなり違うケースがほとんど。表現や展開に、執筆者の個性や考え方が色濃く反映されてきます。そればかりか、その新聞がどんな編集方針の下、発行されているのかも浮かび上がってくるのです。

　筆者は全国紙「全紙」を買い集めますが、まずは書き写しを続けてきたものを含む2～3紙を読み比べてみてください。コラムを読み、書き写す"新たな喜び"を発見できる可能性が高まります！

◆

　「朝のコーヒーを飲まないと一日が始まらない」という人は多いと思います。「カフェインの効果で目が覚める」という"理由"で飲み始

た人も、毎日その理由を意識して飲んでいるわけではありません。これは繰り返すことによって「習慣」となったひとつの例ですね。

　最初は続けるのがたいへんに思える書き写しも、それが習慣になれば"しめたもの"です。「書き写しをしないと、なんだか落ち着かない」「忘れ物をしたような気分になる」……。こんな気持ちを半年、1年とキープできれば、文章を書く"地力"がつき始めたことを実感できるはずです。

　次の項目（104ページ）では、実際に「朝刊コラムの書き写し」を実践された方から、これから始めるあなたへのアドバイスを掲載しました。始めたきっかけ、「書き写し」を続けてよかったと思うこと、続けるコツ……などをぜひ、ご参考に！

POINT

- 推敲の判断基準となる「ことばの森」を育てることは、的確な文章を書く力に直結する。
- 朝刊コラムの書き写しは、「ことばの森」を育てる確実で手軽な方法。
- 書き写しが習慣となり、半年、1年と継続できれば、文章を書く"地力"強化を実感できる。

04

インタビュー;「ことばの森」を育てて変わったこと

アタマの中の日本語データベース「ことばの森」を育てる方法として有力なのが朝刊コラムの書き写し。ここでは、実際に書き写しを続けられた2名の方をご紹介しましょう。リアルな体験談が、あなたの背中を押してくれるに違いありません。

語彙力を高め、表現のコツがつかめる

斉藤カオリさん（フリーランス・ライター／エディター）

　「日経WOMAN」「週刊新潮」を始め幅広いメディアに記事を寄せられている斉藤カオリさんは、キャリア8年のフリーランス・ライター／エディター。
　文章力"そのもの"で勝負する職業の斉藤さんに、朝刊コラムの書き写しを始めたきっかけ、具体的な方法、効果などについて聞きました。

時間があるときに「30分」を有効活用

　朝刊コラムの書き写しを始めたきっかけは、通っていたライタースクールでの講師（＝筆者）のアドバイスだったと言います。
　「各紙の論説委員クラス、ベテラン記者の方々のエッセンスが学べるし、こんなにいいテキストはないと言われ、チャレンジを思い立ちました。以来、週2〜3回のペースで半年間継続。その後はコラムをチェックし、興味があるもの、面白いと感じたものをとっておき、時間があるときに書き写しました」

理想は「毎日」ですが、マイペースで続けられたようです。やはり、無理なことは長続きしませんね。
「ライタースクールの授業では確か、毎日書かなくてもいいと言われたので（笑）」
　コラム1本あたりにかけた時間は30分弱。当初は原稿用紙とボールペン、その後「専用ノート」を使って続けられました。書き写しを進めながら、どんなことを感じられたのでしょうか。
「知らない言い回しや熟語などがたくさん出てきたのを覚えています。文章の勉強のはずが、日本語の勉強になっていることにショックを受けました。おかげで『自分は語彙力が足りていない』と、改めて自覚することができました」
　知らない言葉に出会ったときは、どのようにされたのでしょう。
「全部調べて、自分のものにしたい！　と考えて書き写しを進めました。言い回しや表現なども同じで、『なるほど、こういう書き方があるのか』と、ひとつひとつ納得できるまで辞書を引いていきました」

書き写しが「自信」につながった

　熟語や言い回しだけではなく、「文章の書き方の勉強にもなった」という斉藤さん。
「文章の書き出しで、いかに"つかむ"か。読み手の心を揺さぶり、爽やかな読後感を残すにはどうすればいいのか……。約600字のコラムのためにどれだけの情報が必要か、という点でも勉強になりました」
　コラムのテーマにまつわる歴史的な背景はもちろん、いま起きている出来事、さらにコラム執筆者が積み上げた知識や経験を織り交ぜて内容を深める――。文章を書くための心構えを学ばせてもらったと言います。
「書き写すほどに、情報収集や準備の様子などを想像することになり、1本のコラム、記事を書くにも、膨大な情報や知識が必要なのだと実感させられました」
　実際に書き写しを続けることによって、どんな変化が起きたでしょう

か。

「文章については、大手メディアの編集長に評価いただいたり、記事内容についてお客様に喜んでいただいたりして、ちょっとした自信につながっています。これも朝刊コラム書き写しのおかげと考えています」

まずは半年〜続けるほど効果がある！

書き写しで蓄えた語彙力（＝豊かな"ことばの森"）と自信が、今日の仕事の基盤になっているのですね。

「書き写し、つまり"読む"と"書く"を繰り返すことによって、『ことばの森』を育てることができると思います」

その効果を実感するには、どれくらいの期間、続けることが必要でしょうか。

「最低半年は続けたいですね。その後も継続すれば、その分の効果があると思います。私もライタースクールに通い始めた頃よりは、『ことばの森』が豊かになったと実感できます」

最後に、書き写しを始めるかどうか迷っている方へのアドバイスをお願いします。

「朝刊コラムの書き写しは、やればやっただけ自分の力になってくれます。最近、耳にしたのですが、ある新聞社では新人記者にコラムなどプロの文章の書き写しをさせているそうです。文章の構成や流れ、言い回しなどを頭に入れる、いわば"文章のお手本"ですね。仕事で文章を書く人には、語彙力を高め、表現のコツをつかむための練習ドリルとして最適だと思います」

POINT

- 朝刊コラムの書き写しのおかげで文章が評価され、自信につながった。
- 最低半年間は続けたい。その後も継続すれば、その分の効果がある。
- 仕事で文章を書く人には、語彙力を高め、表現のコツをつかむための練習ドリルとして最適。

2年間の実践で、書くスピードが2倍に

今井 学さん（旅館経営）

　兵庫県北部に位置する香美町(かみちょう)は、松葉ガニを始め日本海の"海の幸"を1年中楽しめる、知る人ぞ知るスポット。今井学さんはこの地で旅館「かどや」を営まれています。

　全8室というこの宿が「楽天トラベルアワード」に何度も輝いている背景には、今井さんが「毎日更新している」というブログの果たす役割が大きいようです。

1年目に感じた「書き写し」の効果

　日々更新されているブログには、どんな内容が掲載されているのでしょう。

　「地域の情報や宿での出来事などを毎日アップしています。このブログをより伝わるものにしたくて、朝刊コラムの書き写しを始めました」

　書き写し専用ノートとボールペンを使って、毎日お客様が朝食のテーブルに着かれている時間を活用──。当初は30〜40分かかっていたものが、1年ほど経つと20〜25分で書き写せるようになり、実に3年3ヵ月（！）継続されました。

　「最初に気づいたのは、一文一文が短く簡潔なこと、主語と述語の関係が明確なこと、そして読点の打ち方が何とも絶妙で……。続かないかな〜とも思いましたが、徐々に面白くなってきて止まらなくなりました。もともと妻から『文章が回りくどい』と指摘されていて、これを克服する大きな効果があると、早い段階で実感できました」

　1年目、2年目、3年目でどんな変化や効果があったのか、ブログに書かれていますね。最初の1年でどんなことに気づかれたでしょうか。

　「想像以上にひらがなが使われていること、多くの知識やウンチクに触れられること。そして、文章力をつけるうえで大きかったのは、『文章には伝わりやすい型がある』という発見でした」

ブログを毎日更新できる理由

　今井さんが書き写しを続けた朝日新聞「天声人語」の場合、次のような「型」で書かれているものが圧倒的に多いと分析されています。

> ①名著からの引用、歴史の話などウンチク、へぇ〜な知識
> ②時事ネタに結び付ける
> ③筆者の考えを述べる

　Web記事を読み慣れている今井さんにとって、最初に結論を書かず、エピソードやウンチクから入る（＝何を言いたいのか、読み進めないと分からない！）天声人語には相当な違和感があったそう。しかし、やがて「ああ、このことを言いたいがための導入かぁ」と、書き手の意図が読めるようになったと言います。

　「毎日ブログを書いてスゴイですねと言われますが、この『型』に当てはめるだけなので、実はとても書きやすい。何を書こうかというよりも、どの話題を当てはめていこうかというイメージなのです」

　朝刊コラムの書き写しを続け、そのうえブログを毎日更新される……。いかにもたいへんそうですが。

　「むしろ逆です。書き写しを続けることによって、文章の『型』が体にしみ込みました。その結果、書くことが苦ではなくなったのです。文章力は確実に上がりますし、ブログを書くスピードもアップします」

「伝わる文章が速く書ける」という一生モノの能力が手に入る

　こうなると2年目、3年目の効果がさらに楽しみです。

　「2年目には、そのコラムなり文章なりを書いているときの書き手の気持ちを察することができるようになりました。書き写しそのものは『自分で考えている』わけではありませんが、書き手の感情を疑似体験することによって、読んで理解する以上に深く受け止められる。このことが、とてつもなく文章力を上げる結果になるのだと思います」

　実際に文章力が上がったのかどうか、自分では答えづらいものの、2年前のブログを読み返してみると、いまよりはるかにひどい文章であ

ることが分かる──と今井さん。

「以前は1時間以上かかっていた1,000文字程度のブログが、30分くらいで書けるようになりました。文章の『型』や『展開』を頭の中で構築するスピードが速くなり、感情を込めるべきところや結論を書くべきタイミングなどが、瞬時に判断できるようになったのです」

3年目には、どんな進化があったのでしょう。

「自分の書いた文章が、間違いなく簡潔になっていることに気づきました。天声人語をゆっくり声に出して読むと90秒～2分。集中して書き写すと20分～25分です。これだけの時間を毎日割けば、ブログもすっきり読みやすくなってきます」

最後に、これから書き写しを始める"後輩"へのアドバイスをお願いします。

「私は書き写しを3年続けたことで文章を書く時間が半分に短縮できました。いま思うと2年でもよかったと思います。想像してみてください。1時間かかる文章作成が30分ですむようになる。2時間のものであれば1時間です。しかも読みやすく、伝わりやすい文章で……。1日30分、2年間書き写しを続ければ『伝わる文章が速く書ける』という一生モノの能力が手に入るのです」

誰にでもできることを、誰もできないぐらい「毎日続ける」ことが大切──と、今井さん。

「書き写しを通じて、書くこと以外の"自信"にもつながると感じています」

POINT

- 継続するためには、書き写す時間帯を決めること。
- 継続によって文章の「型」が体にしみ込み、書くことが苦ではなくなった。
- 1日30分、2年間書き写しを続ければ「伝わる文章が速く書ける」という一生モノの能力が手に入る。

温かみのある文章を書く、たったひとつの方法

　2時間程度の講演やセミナーであっても、講師として大切にしているのが「Q&A」の時間。話す予定ではなかったことも質問によって引き出してもらえる貴重な機会です。そんなやり取りの中から、普段の仕事に活かせそうなものを2つご紹介しましょう。

1. 伝えたいことが多くて、文字が小さくなってしまう…
　保育士さんの研修会での質問ですが、ほかの職業であっても同様のケースは多々あるでしょう。一定のスペースであれば、どうしても書けることは限られてきます。
　経験的に、無理やり文字のサイズを下げて押し込んだような文章は、まず読まれません！　あなたが読み手になったら、どう感じるでしょう？　迷わず「書く内容」の方を絞りましょう。

2. 「温かみのある文章」を書くには？
　どこでいただいた質問か記憶はないのですが、なかなかの難問です（笑）。ただ、お答えした内容は鮮明に記憶しています。
　「あなた自身が、温かい人になることです！」
　一瞬、時が止まったような空気が流れましたが、こう続けました。
　「温かい言葉、温かい文章なんてありません。あなたが温かい人であれば、その気持ちが"行間"から相手に届くのです」
　私の研修では150字程度の課題文を事前に提出いただくケースが多いのですが、わずかな文字数であっても、書いた方のお人柄が浮かんでくることが多々あります。研修当日、初対面のご本人にこんな質問をぶつけてみると……。「浦安にある"夢と魔法の国"が好きでは？」「超常現象、信じるタイプ？」「ジャニス・ジョプリンが好き？」「小さい頃、おばあちゃん子だった？」……実は、すべて的中例。まさに「文は人なり」なのです。

第6章

「読みたくなる文章」は
こうして書く

01
「これが読みたかった！」と言われる条件

「相手が読みたくなる文章」を書くためには、具体的にどんな配慮が必要なのでしょうか。最初のステップは、私たちが長く信じてきた常識を捨て去ること。そこからすべてが変わっていきます！

「書けば、読まれる」という幻想

　私たちが「書く」ことを習い始めたのは、おそらく小学校の国語の時間からでしょう。遠足の作文や読書感想文などに取り組みながら、言葉、文章と格闘してきたわけです。以来、就職して社会に出るまで「書く」課題を与えられ続けてきたのですが、その過程で実はこんな"常識"を身に付けてしまっているのです。

> **書いたものは必ず読まれる。**

　振り返ってみれば、作文にしても高校・大学時代のレポートにしても、内容はともかく（?）提出すれば「必ず読まれる」という前提があったわけですね。
　ところが社会に出てからは、この常識がそのままでは通用しなくなります。読まれる（＝読んでいただく）ためには、相手への配慮や工夫が必要になるのです。この配慮、工夫を欠いてしまった結果起きるのが、たとえば「上司に提出した文書やメール、なかなか読んでもらえない」という事態——。あなたも経験されているかもしれません。

こうした"悲劇"を避け、スムーズに仕事を進めていくためには、次のような発想、考え方を出発点にすることが必要です。

> **相手はあなたの文章を「読みたい」と思っていない。**

　少々極端な言い方かもしれませんが、書いたものは必ず読まれるという"保育器"の中で育てられた私たちが、伝わる文章を書くうえで最初に意識すべきこと──と、私は考えています。

文章の「第一印象」を何よりも大切にする

　実際には、こうした配慮や工夫が不足したまま、いわば学生時代と同じような気分で書いたものを発信してしまうケースが多いのです。それは、相手にかかる負担（迷惑！）を無視した「長い文章」であったり、読まれ方を想像しないで書かれた「回りくどい文章」であったり……。中にはタイトルや見出しもない、不親切な文章まであるのです。

　配慮や工夫が足りないまま発信した結果、「あいつのメールは、いつも長いから読む気がしない！」などと言われてしまうようでは、せっかくの素晴らしい意見、優れたアイデアも埋没しかねません。

　読まれる／読まれないを決める最初の関門は、文章の「第一印象」です。

　まず、私たちが"肝に銘じたい"のは……

> **「何が書いてあるか分からない」ような文章を読む時間は、誰も持っていない。**

　ということです。

　紙の資料であれば、「タイトルと見出し」にどれほどのエネルギーを割き、工夫をしているか？　メールであれば、まず相手の目に飛び込む「件名」に（少々大げさに言えば）命を懸けているか……？　第一の関門をクリアするために、ぜひ日頃の文書を振り返ってみてください。

タイトル、見出しは「見て」中身が分かるように

　タイトル、見出しというと、専門用語のように聞こえるかもしれませんね。主な役割は以下のとおりです。

> **タイトル**＝その文章全体がどんな内容か「見て」分かる
> **見出し**＝その段落がどんな内容か「見て」分かる

　お気づきのとおり、どちらも「見て」が重要。「読んで」ではないのです。出勤前の忙しい時間に、朝刊に目を通している状況を思い起こしてください。見出しは「見て」いるはず。ここでも相手に「読み解く」手間をかけないようにしましょう。

　見出しの役割は想像以上です。分かりやすい例をご紹介しましょう。次の２種類の段ボールのうち、引越しが早く片づくのはどちらでしょうか？

> ①「キッチン」「和室」「最初に開く！」などのラベルつき
> ②ラベルなし

　間違いなく①ですね！　このラベルがイコール「見出し」の役割です。②では、開けてみないと中身が分かりません。「読んでみないと内容が分からない文章」と同じです。

　引越しの段ボール箱にラベルをつける呼吸で、短く、簡潔に見出しをつけていきましょう。

メールの件名は15字以内に！

　命懸けでメールの件名を書いている方は、実際にはいらっしゃらないでしょう（笑）。筆者には以前、某新聞社の「メール広告商品」の制作に携わっていた時期があり、それに近い緊張感の中で件名、メールの本文を書いていました。

その時に改めて実感したことは、「開封」のハードルの高さです。いかに「ごみ箱へ直行」を防げるかは、送信の頻度・タイミングなどを除けば、すべて件名にかかっているのです。

　私たちが上司、お客様など関係先へメールを送る際、まず注意すべきは件名の長さです。

> ①メールの「件名」は15字以内をメドに
> ②重要なキーワードは前半に

　こうすることによって、大切なメールが受信トレイの中で埋没してしまう事態の防止につながるのです。

　①15字というのは、主要なスマホの受信メール一覧画面に表示される「件名」の長さへの配慮（※実際は14字〜18字が多いようです）。仮に20字を超えるような「件名」の後半に「至急ご検討を」などと入っていたとしても、受信メールの一覧画面には表示されず、「開かれない」「読まれない」可能性が高くなってしまうのです。

　②とくに忙しい人はメールの「件名」を丁寧に読むのではなく、書き出しの数文字を「見て」取捨の判断をします。「○日までに」「重要案件」など、見落とされては困る内容は前半に配置しましょう。

POINT

- 相手はあなたの文章を「読みたい」と思っていない。
- 「何が書いてあるか分からない」ような文章は読まれない。
- メールの「件名」は15字以内。重要なキーワードは前半に。

02

遠距離恋愛のラブレターを
イメージする

「ラブレター」というと、一時代前の話に思われてしまいそうですね。しかし、センスのよい文章を書くうえでは、遠距離恋愛のラブレターのように相手の気持ちを想像することが必要——。「こう書いたら、どう思われるか？」という視点が欠かせないのです。

ラブレターを書くとき自然に意識すること

　コミュニケーションの多くを"指一本"でこなしてしまう皆さんにとって、「ラブレター」というと、かなり古めかしい印象かもしれません。しかし、文章の書き方についてお話しするとき、私がたびたび引き合いに出すのが、このラブレターです。
　理由は、大きく2つ。ラブレターを書くときに、私たちが自然に意識することを思い浮かべてみましょう。

> **①言葉ひとつひとつについて、相手がどう感じるか、精一杯の想像力を働かせて書く。**
> **②いい加減なところで妥協せず、納得できるまで書き直す。**

　いざラブレターを書くとなると、実際には近くにいない相手を、まるで目の前にいるかのようにイメージします。そして、「こんなこと書いたら、嫌われてしまうかもしれない」「こっちの書き方のほうが、気に入ってもらえるかも……」と、目一杯の想像力を働かせるのです。
　加えて、「まぁ、こんなモンでいいでしょ」などと、中途半端なとこ

ろで妥協するような書き方はしないはず。大好きな相手に思いが届くよう、納得のいくところまで書き直すでしょう。

ラインを始めとする"スピード重視"のコミュニケーションとはかなり様子が違いますが、一度や二度はこんな経験、あるのではないでしょうか？

実はこれ、ビジネス文書を始め"ほぼ"すべての文章に当てはまる、センスのよい書き方の大原則〜①文章を読む相手を徹底的に想像すること、そして②妥協なく推敲を重ねること——そのものなのです。

ここで「文章を読む相手を徹底的に想像する」という手間を"省いて"しまったメールの例をご覧いただきます。

相手を想像する手間を省いた「だめメール」とは？

講演の依頼メール2件が同じ日に届きました。まずは、その一部をご覧ください（※リアリティーを感じていただくため、ほぼ原文どおりです）。

> 【A】
> ……5月実施予定なのですが第3〜5水曜、第3〜5金曜の18:00〜20:00でご検討中なのですが、先生のご予定で一番ご都合の良い日程を教えていただけますでしょうか？
> 【B】
> ……2019年の日程をご案内します。4月11日、5月9日、6月13日、7月11日、8月8日、9月12日以上の第2木曜でございます。ご検討をお願いいたします。

どちらも時期（日にち）を示す「第3水曜」「第2木曜」……という表記を用いている点で共通しています。が、読み手の立場に立ってみると、明らかな違いがあることが分かります。

【A】のメールを送られた方は忙しかったのでしょう。「第3〜5水曜、第3〜5金曜」という情報を受け取った後、相手がどんな行動を強いられるのか、イメージできていないのです。

実際に私は、5月のカレンダーを見て水曜日の列を指さし、「第1、第2、第3……」と確認～日付を書きとめました。次に金曜日の列を縦になぞり、同じことを繰り返したのです。
　もう、お気づきですね！　この書き方では相手の時間を必要以上に奪うことになってしまいます。仕事の打診ですから、もちろん"ありがたい"のですが、このメールに返信するまでには、通常以上のストレスを感じたことは否めません。
　いっぽう【B】は、そうした手間、時間、ストレスとは無縁。仕事を請けた私も「よっしゃ、頑張ろう！」と、素直に思えるのです。
　このように、書き手が読み手を想像するほんの少しの手間をかけるか惜しむかで、受ける印象は大きく変わるのです。
　ちなみに【A】は「長い一文」（040ページ）、「言葉の重複」（050ページ）という点でも改善の余地がある書き方です。以下のように書けば、読みやすさはアップします。

> 【改善例】
> ……5月実施予定なのですが第3～5水曜、第3～5金曜の18:00～20:00でご検討中です。先生の一番ご都合のよい日程を教えていただけますでしょうか？

　ちょうど中ほど、「ご検討中なのですが、」を「ご検討中です。」とし、2つの文に分けました。
　さらに、「予定」と「日程」の意味合いの重複を解消するため、「先生のご予定で一番ご都合の良い～」を単に「先生の一番ご都合の良い～」とコンパクトにしました。

相手に余計な手間をかけさせない

　ご紹介したのは、私の個人的な経験です。しかし、同じようなことは、あなたが日常的に発信している文書でも起きる可能性があるのです。
　たとえば、こんなメールの文面には要注意です。

> **NG**
> ……たいへんにお手数ですが、先日お渡しした資料をいったん弊社宛ご郵送いただきたくお願い申し上げます。
> 〈ご郵送先〉
> 東京都中央区日本橋■-■-■
> 株式会社◇◇センター
> ○○○部　××××宛

　部分的な「例」で少々分かりづらいのですが、郵送を依頼しておきながら「郵便番号」の記載がありません。これでは受け取った相手に「郵便番号を調べ、メモを取る」という余計な手間をかけさせることになってしまいます。

　反対に、たとえば最新のトレンド用語など「相手が調べたくなる内容」を事前に察知し、先回りして丁寧な説明を行えば、読んだ瞬間に「かゆいところに手が届く」心地よさ、まさにセンスのよさを感じる文章になるのです。

　すべては「あなたの文章を受け取った相手」を徹底的に想像する――が出発点。ラブレターを書いた、あのときのことをぜひ、思い出してみてください。

POINT

- センスのよい文章を書く大原則～①文章を読む相手を徹底的に想像すること、②妥協なく推敲を重ねること。
- 文章を受け取った相手が、時間を奪われるような書き方は避ける。
- かゆいところに手が届くような情報フォローが「センスのよさ」を感じさせる。

03

相手→目的→内容の法則を使いこなす

「読みたくなる」文章を書くためには、内容を固めることが第一。キーを叩きながら右往左往するようでは、ポイントが明確な文章にはなりません。「相手」と「目的」から「内容」を導き出す、シンプルな法則をご紹介します。

相手に伝わって初めて意味がある

この本では、「相手にとって」「相手の立場で」など、「相手〜」というフレーズが繰り返し登場します。実際に研修やセミナーなどでお話しするときにも、全体の導入部で次のような内容を強調するのです。

> 文章の講座を受けるのは、
> 私たちがラクをするためではありません。
> ↓
> 相手にとって分かりやすい文章を書くため。
> ↓
> その先にある私たちの目標を達成するためです。

セミナーに参加すれば、いままでよりラクに書けるようになるかと言うと、決してそうではありません。書き手がラクをしていては、読みやすさへの工夫など相手への配慮がおろそかになります。

では、文章力を高めようと参加された方にとってのメリットはどこにあるのでしょう。それは最後の行のとおり「その先にある」のです。

相手にとって分かりやすい文章を書くことにより……

> ①稟議書が簡潔になる
> ②企画書の説得力がアップする
> ③報告書で伝えたいポイントが明確になる
> →これらの結果、業績が上がり、最終的には私たちの給与やボーナスによい影響を与える！

このように少々遠回りはしますが、相手にとって分かりやすい文章を書いた結果として、近い将来、私たちにメリットが巡ってくるのです。

仕事で書く文章には必ず目的がある

私たちが仕事で書く文章、実用文には必ず「相手」がいることは、ご存じのとおりです。では、相手に伝わった後に、どのようなことが起きるのでしょうか。実用的な文章は、そこで「仕事」を始めます。つまり、受け取った人の行動を促すのです。

> | 文書 | 相手の行動を促す |
> |---|---|
> | ①稟議書 | → 速やかな承認、予算執行など |
> | ②企画書 | → 競合案件の発注、製品購入など |
> | ③報告書 | → 問題点の改善、意思決定など |

このように、相手の行動を促す「目的」を持って発信される点が、小説、エッセイなど読んで楽しむための文章とは異なるのです。

相手→目的→内容の法則とは？

稟議書、企画書、報告書など実用文には「相手」があり、「目的」があることを確認してきました。ここで、文章を書くときにこの「相手」と「目的」を活用する方法をご紹介しましょう。それが、「相手→目的→内容」の法則です。

私たちが文章を書くときに起こりがちなのは、いきなり「内容」から

考えようとすることです。それでスンナリと書ければ問題はないのですが、私たちの多くは途中で"道に迷う"ことになります。

「書き始めてみたけれど、まったく先へ進まなくなった」「自分の文章なのに、自分でもわけが分からない」……こうした症状が出始めたら、「相手」と「目的」をぜひ、再確認してみましょう。

文章の「内容」は、「相手」と「目的」をしっかりつかみ、そこから導き出せば、決してブレることはありません。逆に「相手」「目的」のどちらか、あるいは両方を見失った状態では、的確な「内容」の文章を書くことは困難なのです。

「相手、目的、内容」の関係は、次のようなイメージです。

> ①出張報告書
> ・相手＝上司
> ・目的＝意思決定、情報共有など
> 【求められる主な内容】
> 　現地でしか入手できない情報、意思決定に必要な材料

組織として何らかの意思決定をするために、あなたが出張先の実情を確認に行ったとしましょう。この場合、現地に足を運ばなければ入手できない情報、とくに意思決定の根拠になるような材料を集めることが必要ですね。

さらに「相手」のタイプを具体的にイメージし、たとえば数字にシビアな上司であれば「コストの詰めが甘い！」など、相手から出てきそうな"突っ込み"を想定。それに先回りする内容を書くのがコツです。

> ②お詫び文
> ・相手＝迷惑をかけてしまった関係先
> ・目的＝許しを請う、取引の継続
> 【求められる主な内容】
> 　誠実な謝罪、事故の経緯、相手が納得できる再発防止策

お詫び文を書いているはずが、気がついたら組織防衛や自己保身の"言い訳"になってしまった——など、起こりがちなパターンですよね。こんなときこそ、誰に（＝相手）どんな行動を取ってもらいたいのか（＝目的）を再確認してみましょう。

　不注意によるトラブルで迷惑をかけた関係先に（＝相手）、今後も取引の継続（＝目的）を懇願するならば、誠実な謝罪、トラブルが起きた原因と再発防止策を丁寧に伝え、納得してもらうことが必要です。

> ③ラブレター
> ・相手＝ひそかに思いを寄せる人
> ・目的＝自分に好意を持ってもらいたい
> 【求められる主な内容】
> 　？？？

　ラブレターも「目的」を持って特定の「相手」に向けて発信される実用文ですね。では、どんな内容が書かれるべきでしょうか？

　相手のタイプを具体的にイメージすることは、ここでも有効です。「ストレートに気持ちをぶつけてみるべきか、それとも……」。ここはぜひ、ご自身のこととして考えてみてください。

　文章の方向が定まらず暗礁に乗り上げそうになったら、「相手は？」「目的は？」と再確認してみてください。何を書くべきか、その「内容」がハッキリと浮かび上がってくるはずです。

POINT

・相手にとって分かりやすい文章を書くことは、近い将来、メリットとして返ってくる。
・実用文の目的は「相手の行動を促す」こと。
・相手のタイプを把握し、突っ込みに先回りするイメージで書く。

04

広く伝えたいときこそ、特定の「1人」に向けて書く

センスのよい文章を書くには、「必ず読まれる」という常識を捨て去ること。そして、ラブレターを書くときのように、相手を徹底的に想像すること——。これらの具体例をいくつかご紹介します。

特定の「誰か」に語りかけるように

　実際に「相手を徹底的に想像」して書く、具体的な方法をご紹介しましょう。筆者はもちろん、「書く・伝える」に携わる方の間ではポピュラーなノウハウのひとつです。
　手順は次のとおり、とてもシンプルです……

> ①**特定の「誰か」をイメージできる写真などを準備する。**
> ②**その「誰か」に向けて、最も分かりやすく伝えるイメージで、語りかけるように書く。**

　①は伝える相手に向けて書くための「標的」のようなもの。写真以外に「その人」のプロフィールを書き込んだメモや付箋などを使う方法もあります。ただし、勤務先では周囲の目にご注意を！
　ちなみに、この本の原稿を書いている筆者は、かつて企業研修に伺った先で受講者と一緒に撮影した写真をディスプレイの真下、常に目に入るところに置いています。
　②その写真に写っている受講者の一人が、本書の想定読者＝Tさ

ん。筆者は常にTさんに向けて「最も分かりやすく伝える」イメージで原稿を作成し、同時に「この書き方でTさんにきちんと伝わるだろうか？」という視点で推敲を重ねています。

ポイントは、「うまく書こう」としないこと。「うまく」ではなく「最も分かりやすく」が、きちんと伝わる文章への近道です！

仕事で発信する文書であれば、「その相手」が……

> ①どの程度の予備知識、専門知識を持っているか？
> ②これまでの経緯をどの程度共有できているか？
> ③どんな気分でその文書を読むのか？

少なくともこれらの点を十分に把握したうえで、その人が分かる言葉で書き進める必要があります。

意外なのは③かもしれませんね。しかし実際には、常に相手が積極的に受け入れようとして読むとは限りません。あなたが発信する文書に対して「どんな気分か」は、かなり重要。「また、あの話か！」と、シャットダウンされないような配慮が欠かせないのです。

「皆さん」という人は存在しない

特定の「誰か」をイメージして書く方法をご紹介すると、ときどきこんな質問が返ってきます。

> ブログのような多くの人に読んでもらいたい文章でも、特定の「誰か」をイメージして書く、で大丈夫ですか？

ご心配は当然ですね。しかし、結論から言えば「大丈夫」。特定の「誰か」にきちんと伝わるように書かれた文章であれば、その周囲へと自然に広がっていきます。この本も、想定読者＝Tさんに向けて書いていますが、同じような「文章のお悩み」を持つ方々へと広がるよう願っています。

よく引き合いに出されるのは、「皆さんという人はいません」というフ

レーズ。私たちはつい「多くの人」に向けて情報発信をしてしまうのですが、それではかえって焦点がボヤけてしまい、結局誰にも届かない——ということになりがちなのです。

相手が使いやすい"モノサシ"を用意する

「相手を想像して書く」ときの具体的なアイデアをもうひとつ。その人の「生活実感に合った表現を意識する」ことです。

筆者が大学生だった頃、友人との間でこんな会話がよく飛び交っていました。
「パチンコで××円、儲かったぞ」
「すげぇ。吉野家の牛丼〇〇杯食べられる！」
……ご想像のとおり、実際に××円分も牛丼を食べるわけではありません。しかし、当時の私たちにとって「牛丼1杯分の値段」というモノサシ（尺度）は、とても身近で分かりやすかったのです。
体重増で悩む人が、「5kgの"お米の袋"を抱えて歩いているようなもの」……などと言うのも、モノサシのひとつですね！

このようにモノサシを用意する手法には、Webサイト、新聞、テレビなどでもよくお目にかかります。

- ×××は東京ドーム〇杯分にあたる。
- ×××を重ねると、富士山の高さに匹敵する。
- ×××を縦に並べると、地球を〇周する長さ。

これらは、いずれも「大きな数字」を分かりやすく伝えようとする工夫です。
環境省のHPに、こんなデータが掲載されています。ここから重要なヒントをいただくことにしましょう。

ごみ総排出量は4,289万トン（東京ドーム約115杯分）、1人1日

> 当たりのごみ排出量は920グラム。

※出典「一般廃棄物の排出及び処理状況等（平成29年度）について」

ここでは「ごみ総排出量」の数値が、次の3つのパターンで登場します。

> ① 4,289万トン
> ② 東京ドーム約115杯分
> ③ 1人1日当たり……920グラム

①ではどのくらいの量なのか、まったく見当がつきません。②がおなじみ「東京ドーム〇杯分」。「たいへんな量」という漠然としたイメージは伝わってきますが、それでもなかなか実感はできないでしょう。そしてようやく③になって、私たちに身近なモノサシ（単位）で説明がなされ、具体的なイメージが届くようになるのです。

せっかくモノサシを用意するのなら、生活実感に近いものを厳選する──がポイント。相手についての細やかな観察は、こうした場面でも活きてくるのです。

たとえば、「高さ15メートル」と書いても伝わりにくいと判断すれば、「3階建てのビルの高さくらい」などに。「30リットルの水」ではピンとこない方には、「1リットルのペットボトル30本分」と、あえてかみ砕いてみるのも、伝える方法のひとつです。

POINT

- 特定の誰かを思い浮かべ、最も分かりやすい言葉で語りかけるように書く。
- 相手があなたの文書を「どんな気分で読むか」を想像する。
- 相手の生活実感に合った"モノサシ"を用意しよう。

05

上司、お客様の行動パターンを把握しよう

相手を具体的にイメージし、その人が分かる言葉で書く。中でも上司、お客様、関係先などは、仕事を進めるうえでのキーパーソンですね。日頃からこうした相手を観察するアンテナを磨き、情報発信に活かしていきましょう。

上司について"一番詳しい"人になろう

　たとえば居酒屋で仲間と楽しんでいるとしましょう。食べ終わった食器の下げ方、あるいは下げるタイミングひとつで、あなたの気分はかなり"上下"するのではないでしょうか？
　「片付けてほしいな」というタイミングでスッと静かに下げてもらえるケースもあれば、食べ物が残っていても構わず強奪（！）されるような場面もあるでしょう。
　両者の違いは、お店の教育や従業員の資質にあることは明らかです。しかしその根本には、相手を丁寧に観察しているか否か、相手が喜ぶ行動を進んでしようとするか否か、が深くかかわっています。
　心地よいサービスは、観察と先読みから生まれます。これはそのまま、「センスのよい文章」に置き換えることができるのです。

　ここで質問です。

①あなたの上司が1週間のうちで一番"機嫌がよい"タイミングはいつでしょうか？

②同じく「話を聞く余裕あり」のときに見せる行動パターンは?

　文章の書き方の本で、なぜこんな話題を扱うのか——。先ほどから何度も出てきているとおり、読まれる文章、伝わる文章を書くためには、相手への配慮が必要不可欠だからです。
　加えて、私たちは感情に左右される生き物です。同じ文章であっても、読んでいるときの「気分」によって、受け取り方や評価に微妙な違いが生じることは否めません。
　たとえば同じ報告書であっても、上司の機嫌がいいときに提出すればスンナリとOKが出る。運悪くトラブル発生などで平静さを欠いているタイミングだと「書き直してくれ」と言われてしまう——。
　こうした上司が人間的に、あるいは管理者の資質としてどうかという問題はこの際"置いて"おくとして、実は仕事を段取りよく進められる人には、「この微妙な呼吸の計り方がうまい人が多い」が実感です。

　①については経験的に、あるいはビジネスの"作法"として、仕事の集中しやすい「週明けの午前中」を避けるのが賢明とよく言われます。同様に「週末の夕方」も、休み前に処理すべき案件が重なっている可能性が高いでしょう。

　②については、実際に上司を観察して傾向をつかむ必要があります。ヒントになりそうなのは「トイレに立つ」タイミング。外出や会議の直前を除き、仕事が一段落しているケースが多いと考えられます。

気持ちよく"読まれる"ための裏ワザとは?

　私たちは日頃さまざまな場面で、自分なりの"流儀"に従って行動しています。自身のスタイルと異なる立ち居振る舞いや言葉遣いに接すると、それがルール違反ではなかったとしても、少なからずストレスを感じるものです。
　文章も例外ではありません。その人なりの書き方のクセ、傾向があります。たとえば……

> ①「私は、」「今日は、」……と、短い主語の直後にも読点を打つ
> ②「ｺﾐｭﾆｹｰｼｮﾝ」「ﾘｰﾀﾞｰ」……など、半角カタカナを使用する
> ③「〜話した。」……と閉じカッコの内側に句点を打つ
> ④「為」「尚」／「ため」「なお」……などの漢字／かな表記
> ⑤段落の書き出しを……1字下げる／下げない
> ⑥メール文では……句読点などで改行／一定の文字数で改行

　などがすぐに思い浮かびます。簡単に補足しておきましょう。

①短い主語の直後の読点
　新聞社、通信社などでは「打たない」が基本的なルールです。
②半角カタカナの使用
　エンジニアの方に多いようです。研修に伺うメーカーさんなどでは、これが当たり前というケースも。
③閉じカッコ内側の句点
　「……。」と内側に句点を打つのは学校で習った作法。新聞、雑誌などでは打たないのが普通です。
④漢字表記／かな表記
　意外にも若い方が「為」などを漢字で書くケースが多いですね。
⑤段落の書き出しを1字下げる／下げない
　メールや手紙などで頻繁に「1字下げ」すると、書き出し位置のラインがガタガタして、美しくありません。
⑥メール文の改行位置
　最近は前者、句読点や意味の切れ目での改行が主流。

　さて、勝負はここからです。あなたの上司、お客様、関係先の担当者などが書かれた文章で、①〜⑥であげたような"流儀"に心当たりはありませんか？
　少々極端な例ですが、相手の方が仮に①短い主語の直後に読点を打ち、②半角カタカナを使用し、③閉じカッコの内側に句点を打つと

いう"流儀"の持ち主であるとしたら……

> **NG**
> 今日は会議でのマネジャーの次の発言が光りました。「当社だけがメリットを追求すればいいわけではない」……

　その方は【NG】文の書き方に、多少なりともストレスを感じるはずです。そこで、あなたが作成する文書では、さりげなく相手に合せてみるのです！

> **OK**
> 今日は、会議でのマネジャーの次の発言が光りました。「当社だけがメリットを追求すればいいわけではない。」……

　【OK】文を手にしたキーパーソンは、自分の"流儀"との違いにストレスを感じる可能性は極めて少ないと言えます。
　いっぽう、競合他社が何の疑いもなく【NG】文のような"流儀"を無視した文書で、あなたと同程度の提案をしているとすれば、わずかながら、しかし確実に交渉のアドバンテージを握る場面を想像できます。
　これはある種"裏ワザ"的なアイデアですが、相手に気持ちよく"読まれる"ための具体策のひとつ。機会と余裕があれば、試してみてください。

POINT

- センスのよい文章は、観察と先読みから生まれる。
- 上司の行動パターンを読み、ベストなタイミングを計ろう。
- 相手の「読むストレス」を減らすためには、文章を書くクセを見抜き、あえて合わせる方法もある。

カメラを買うと、なぜ「散歩」したくなるのか？

Column 06

　あなたが新しいカメラを手にしたときのことを思い出してみてください——。

　なぜか「散歩」してみたくなりませんでしたか？　歩き慣れた駅への道でも、「何かよい被写体はないか」「格好よく撮れるアングルは……」と、いつもの何倍も注意深く、あたりを観察したことでしょう。これは、カメラを持つことによって、あなたの意識が写真撮影に向いていたからです。

　同じことは、文章でも起こります。本書をきっかけに、あなたの意識が「書くこと」に向いてくるとすると、たとえば電車の中の広告類、街角で見かけるポスター、もちろんネットやTV、新聞・雑誌なども含め、世間に出回っている言葉やフレーズに、より敏感になれるのです。

　こうしてキャッチしたさまざまな情報は、ペーパータオルに吸い取られる水滴のように、あなたのアタマの中の日本語データベース「ことばの森」に浸透していきます。「書く」に意識を向け続けることが、語彙力、文章力の向上に計り知れない貢献をしてくれることは間違いありません。

　ここでは、さらに一歩進んだ「散歩」の楽しみ方をご紹介しましょう。
　電車の中の広告に目がとまったら、その左右をチェックします。数が少なければ左、右どちらか一方でもOK。そして、あなたの「イチオシ」を決めてみるのです。写真、キャッチコピー、デザイン……審査する要素はいろいろあります。が、ここからが肝心。「なぜ、それがイチオシなのか」をキチンと考え、日記のように書きとめておくのです。同時にスマホで写真を残すのもよい方法ですね。
　半年後、1年後……。あなたは「より磨かれた感性」の持ち主に変貌を遂げているはずです。

第 **7** 章

"お悩み別"
速く書くための
5つの視点

01

どこに時間がかかっているのかを突きとめよう

「センスのよい文章」の書き方編に続き、いよいよ「なるはやで書く」編です。この章では、私自身が長く編集者、ライターとして実践してきた具体的な方法をご紹介していきます。仕事をサクサク進めるためのヒントとして、ご活用ください！

速く書けなければ、書く意味がないこともある

さて、この章のテーマは「なるべく速く書く」ことです。同程度の文章であれば、「速く書ける」にこしたことはありません。それどころか、状況によっては「速く書けなければ、書く意味がない」ことさえあります。

こんなケースで確認しておきましょう。上司から文書作成の指示を受けた（または、あなたが指示を出した）とします。

> **Aさん**
> 　期限を半日過ぎての提出になるが、120％の出来を目指す
> **Bさん**
> 　期限通りの提出だが、出来は80％程度

あなたご自身は、どちらのタイプに近いでしょうか？

「私のモットーは常に"品質重視"だから、Aさんタイプ」という方は要注意。品質を重視する姿勢は素晴らしいのですが、ごく一部の例外を除き、Aさんのような仕事の進め方は「みんなの迷惑」になっ

てしまう可能性が高いのです。ひと昔前ならば「ウチは文芸部じゃないんだぞ」という上司の叱責が飛んできているかもしれません。

　私たちが社会人、組織人として求められるのは、当然のことながらBさんの仕事の進め方。まずは期限を守り、そのうえで品質の向上をギリギリまで追求する——が、目指すべき取り組み姿勢です。

問題の解決には、まず「原因」をつかむこと

　「文章力アップ」をテーマに企業・団体研修に伺った際、よく出てくる質問にこんなものがあります。

　「書くのに時間がかかるのが悩みです。どうすれば速く書けるでしょうか？」

　こうしたときには、私の方から次のように質問してみます。

> Q あなたが書いているとき、どの時間が一番長いと思いますか？
> ①手を動かして書いている
> ②手を止めて考えている
> ③書いた文章を見直している
> ④ほかのことに気を取られている

　実際にストップウォッチで測れるわけではなく、あくまでも印象による回答となるのですが、「速く書けない」ことで困っていない人も含め、ほとんどの人は②で手が挙がります。「書くのに時間がかかる」とお悩みの方は、この「考えている」時間がとくに長いのです。
　では、手を止めて"何を"考えているのでしょう。多くは「書く内容を考えている」というパターン。あるいは「言葉や言い回しがまったく浮かばず、フリーズしている」状態。いずれにしても、これではなかなか先へ進んでいきません。

短時間で書くためには、文字を書く（打つ）スピードを上げるのではなく、このように手を止めて考えたり、迷ったりしている時間を減らすことが必要なのです！

「速く書く」ために必要なこととは？

「速く書く」ためには、実際に時間がかかっているところを特定し、メスを入れることが必要——。原因を的確にとらえ丁寧に対処していけば、問題はおのずと解決に向かっていきます。

先ほどの「書く内容を考えている」「言葉や言い回しがまったく浮かばず、フリーズしている」状態を、もう少し詳しく見ていきましょう。

①書く内容を考えている

「手を止めて、書く内容を考えている」とは、要はアタマの中が整理できていない状態。「何を、どう書くか」を決める前に"見切り発車"し、身動きが取れなくなっているのです。

「書き進めながら、同時に考える」ことも、もちろん不可能ではないのですが、これにはある程度の"熟練"が必要です。「速く書けなくて困っている」のでしたら、やはり書き始める前に「何を、どう書くか」をしっかり見定めることをオススメします。

「何を書き、何を書かないか」そして「どんな順序で書くか」という作戦をきっちり立ててから書き始めればよいのです。

（→具体的な方法は138ページで）

②言葉や言い回しがまったく浮かばず、フリーズしている

最初の一語、一文がどうしても出てこない……焦れば焦るほどアタマの中が混乱して"固まって"しまう。こんな状態になることでお悩みの方もいらっしゃいます。

原因はズバリ、「言葉・フレーズ（言い回し）貯金」の残高不足。あるいは「書く」「言葉を扱う」ことについての場数（＝経験）が不足しているケースが考えられます。

「言葉・フレーズ貯金」の残高不足の解消、そして書く、言葉を扱う場数不足の解消には、残念ながら「特効薬」はありません。どちらも"思い立った日から"コツコツと「積み立て」を始めることが有効です。
　（→具体的な方法は146ページで）

　さらに、「速く書けない」原因として次の３つを取り上げ、具体的な解決策を順次ご紹介していきます。

> ③最初からうまく書こうとしている
> 　　**（→具体的な方法は142ページで）**
> ④ついつい先延ばししてしまう
> 　　**（→具体的な方法は150ページで）**
> ⑤いつもゼロから書こうとしている
> 　　**（→具体的な方法は154ページで）**

　「仕事が速いですね」、あるいは「段取りがいいですね」は、ビジネスパーソンにとっては"胸を張っていい"ほめ言葉。
　あなたもぜひ、速く書ける人、仕事の速い人になりましょう。

POINT

- 目指すのは「速く書ける人」＝「仕事のできる人」。
- 「手を止めて考えている時間が長い」など、速く書けない原因を突きとめると、そこに解決策が見えてくる。
- 「書きながら考える」には、ある程度の"熟練"が必要。まずは「何を、どう書くか」をしっかり見定めること。

02

書く内容が整理できない人へ
論理的な説明手法「PREP法」で文章が"加速"する!

いざパソコンに向かっても、なかなか手が動かず、ため息の連続……。こんな状態に何度も陥るのは、「書く内容」が整理できていないからです。より速く、よりラクに書くために"便利な方法"を身に付けていきましょう!

文章の組み立てに一生困らない「方程式」

「書く内容」が整理できていなければ、キーボードの上でたびたび手が止まり、速く書くことはできません。どうすればこの問題を解決し、スピードアップできるのでしょうか?

オススメしたい方法があります。文章を書くときはもちろん、論理的な説明が必要な場面など、さまざまなシーンで活用できる便利な方程式。それがPREP(プレップ)法です。

> **PREP法のルール**
> 次の4つの項目に沿って書き進めます。
> ①**Point**:結論、主張、ポイント
> ②**Reason**:理由、考え
> ③**Example**:理由の詳細、事例・裏付けデータなどの根拠
> ④**Point**:まとめ。結論、主張、ポイントを繰り返す、再確認など

PREP法の「PREP」は、Point(P)→Reason(R)→Example(E)→Point(P)の頭文字。この順番で書き進めると、半ば自動的に「論理的な文章」が組み上がるという"スグレモノ"です。さっそく簡

単な例をご覧いただきましょう。

> ① **Point**
> 　私は「新製品B」の発売を急ぐべきと考えます。
> ② **Reason**
> 　いまならこの分野の先行者利益を十分に確保できるからです。
> ③ **Example**
> 　かつて「新製品A」を発売した際にも、他社より4ヵ月ほど早く動いたため、売上予算150%を達成できました。
> ④ **Point**
> 　今後さらに伸張が期待できるマーケットで先行する意味は、とても大きいと確信します。

①まず「発売を急ぐべき」という結論（主張・ポイント）を明示します。
②次に「先行者利益が確保できる」という理由を述べます。
③理由を補足する要素として、過去の「事例」を具体的なデータとともに例示します。
④もう一度「発売を急ぐべき」と、結論（主張・ポイント）を繰り返す方法もありますが、ここでは少し発展させた内容で「まとめ」としました。

いかがでしょう。「PREP」の流れに乗せて書き進めると、論理的で分かりやすい文章が、簡単に組み立てられます。

論理的に伝えるとは？

ここで、前段にも登場した「論理的」という言葉を整理しておきましょう。「論理的」をかみ砕くと、次のように言い換えることができます。

> **論理的**＝話の筋道が通っている
> 　　　　　＝結論と理由の関係が明確！
> 　　　　　例：不景気だから、モノが売れない。etc.

「結論と理由の関係が明確」とは、つまり「○○○だから×××」の関係が明確——ということ。これは、「結論」→「理由」の順で組み立てるPREP法の最も得意とするところです。
　「あなたの話には説得力がない。もっと"論理的"に説明するべき」……こんな指摘やアドバイスを受けたことがあるならば、このPREP法が解決への近道。繰り返しになりますが、「半ば自動的に」論理的な文章の組み立てができてしまうからです。

　PREP法で組み立てた文章に、どれだけ説得力を持たせられるか——。多くの場合、PREPの「E」Example（具体的なデータや事例）がその決め手になります。
　「結論」に対して明確な「理由」があることは、話の筋道が通る・通らないを直接左右しますから重要なのは当然ですが、想像以上に貢献度が高いのが「E」Example（具体的なデータや事例）の働きです。
　先ほどの「不景気だから、モノが売れない」を例に考えてみましょう。

> 「結論（Point）」＝モノが売れない。
> 「理由（Reason）」＝不景気だから。

　ここで「理由の詳細（Example）」の出番。具体的なデータや事例を「数字」で示すと、説得力がアップします。「GDP（国内総生産）」「日銀短観（業況判断指数）」「消費者物価指数」などが、相手を納得させる力となるのです。

PREP法の特徴のひとつは守備範囲の広さ

　論理的であることが求められるビジネス文書を始め、さまざまな場面で幅広く活用できるのがPREP法の特徴のひとつです。最後に少し変わった例をご覧いただきましょう。
　デパートのおもちゃ売り場で、「買って〜！」と泣き叫ぶ子どもを以前はよく見かけました。仮にその子どもがPREP法を身に付けていたとすれば……。

> ① Point
> お父さんお母さん、このおもちゃを買ってください。
> ② Reason
> なぜなら、脳の発達によい影響を与えるからです。
> ③ Example
> ×××大学など複数の研究機関の報告では、3歳児の発育に明らかな効果があることが立証されています。
> ④ Point
> しかも「ポイント2倍Day」。買うなら今日しかないでしょ！

かなり極端な例ですが、PREP法の守備範囲の広さを実感できるのではないでしょうか。

ある程度、まとまった長さの文章を書くには「組み立て」や「構成」といった発想が必要になります。そんなときには、ぜひPREP法をベースに考えてみてください。

「一文を短く」や「重複を省く」などを使って"優良なパーツ"を作ったら、組み立てはPREP法で――が、オススメのパターンです。

POINT

- 「書く内容」が整理できず、速く書けない人には、シンプルなルールで幅広く活用できる「PREP法」がオススメ。
- 「論理的」とは「結論と理由の関係が明確で、話の筋道が通っている」こと。
- PREP法を使うと、半ば自動的に論理的な文章を組み立てられる。

※参考文献『すぐできる！論理的な話し方』大嶋友秀著・日本能率協会マネジメントセンター刊

03

最初からうまく書こうとしている人へ
文章は「書く」より「直す」意識で

最初からよい結果を出そうとすると、どうしても余計なプレッシャーを感じてしまいます。これは文章を書くときも同じ。「書く」ものではなく「直す」ものという発想の転換がオススメです。

文章を「直す」ことはマイナスの行為？

　この本では、いくつかのプレゼントをお渡ししたいと思っています。それは、今まで皆さんが考えてこなかったような「新たな発想」です。
　たとえば、ここまでに……

> ①文章は足し算ではなく引き算で書く（036ページ）
> ②書く力は読む力（094ページ）
> ③相手はあなたの文章を「読みたい」と思っていない（112ページ）

などの"提案"をお届けしてきました。おそらくどれも「初耳級？」の内容ではなかったかと思います。
　ここでは、「新たな発想」の総まとめに代えて、こんなフレーズをお贈りしましょう。

> 文章は「書く」ものではなく「直す」もの。

　この本の最初にあげた"書けない症状"のうち、「いざ書こうとすると、アタマが"真っ白"になってしまう」（010ページ）に該当する方には、

とくにオススメ。

　几帳面なタイプで、文章を書くとき必要以上に慎重になってしまう方も、この発想でもっとラクに手が動くはずです。

　今まで私たちはこんな"漠然とした"イメージを持っていなかったでしょうか？

> 「書く」＝プラスの行為　　／光の当たる部分／動脈…
> 「直す」＝マイナスの行為／陰の部分　　　／静脈…

　この発想自体を入れ換えていこうというアイデアです。

　もともと編集者やライターの多くは、一般の方が想像する以上に「直す」（＝推敲）に時間を割いています。
　"私"の例ばかりで恐縮ですが……

> 直す（＝推敲）＞書く内容を考える＞実際に手を動かして書く

　こんな時間配分になるのが普通です。「手を動かして書く」よりも「直す」にウエイトを置くケースが多いのです。
　ちなみに、「直す」の内容は……

> ①書いたものをプリントアウトする。
> ②精読し、赤字を入れる。
> ③赤字を入れた部分を修整し、さらにプリントアウト……

　これを何回か繰り返しながら仕上げていきます（プリントアウトの効用については094ページをご覧ください）。

「エビフライ作戦」で書く！

　では実際に、「書く」より「直す」意識で、どのように文章を組み立

てるのでしょうか——。私自身が長く実践しているのが、「エビフライ作戦」です。いきなりエビフライでは、いささか唐突ですが……

> エ ビ ──→ キーワード
> ころも ──→ キーワード周囲の詳細な情報

というイメージです。

　文章を書くとき、いきなり完成を目指すのではなく、「これは外せない」というキーワードを選び出し、並べてみるところからスタートします。
　パソコンに打ち込んでもいいですし、ポストイットに書き出してもOK。まずはエビフライの「エビ」だけを、あらすじをイメージしながら並べていくのです。

　主なキーワードの候補は、次のようなものです。

> ・決定的、印象的な発言内容
> ・ポイントなる数字
> ・キーパーソンの名前や地名などの固有名詞
> ・書き手が受けた強い印象

　これらを抜き出して並べ、全体の流れを確認。骨組みができたところで詳細を肉づけしていく——という順序で組み立てていきます。

　もちろん、最初に選んだキーワード（＝エビ）では、うまく「ころも」（＝詳細情報）がつかないという状況なら、キーワード自体を入れ替えてもOK。あくまでも柔軟に進めていきます。
　エビ（キーワード）にころも（詳細情報）がついたら、全体を何度か読み返し、推敲を重ねて仕上げていきます。

　たとえば、飲食店チェーンのエリアマネジャーを務めるあなたが、

ある店舗で行ったヒアリングについて報告書を書く場面をイメージしてみてください。

まずはキーワードを選び出します。

- 「人手不足著しい」＝決定的、印象的な発言内容
- 「6ヵ月」「従業員の約半数」＝ポイントなる数字
- 「赤羽店長」「ビュッフェコーナー」＝キーパーソンの名前や地名などの固有名詞
- 「早急な改善要」＝書き手が受けた強い印象

次にキーワードを並べて順次肉づけし、推敲を重ねて仕上げていきます。

赤羽店長によると「とくにここ6ヵ月、人手不足が著しい」との報告。個別ヒアリングの結果、従業員の約半数が接客の不備を感じており、とくにビュッフェコーナーのサービス体制など、早急な改善が必要な状況。(97字)

いかがでしょう？ いきなり約100字の文章を書くのではなく、キーワードを選び出して並べ、その周囲に詳細情報を肉づけしていく方法です。どんな文書作成にも応用できますので、ぜひお試しください！

POINT

- 文章は「書く」ものではなく「直す」ものという発想の転換がオススメ。
- 最初から完成を目指さず、まずはキーワードを選んで並べてみる。
- 順次キーワードに肉づけし、推敲を重ねて仕上げる方法なら、今よりもラクに書ける。

04

適当な言葉、表現が浮かんでこない人へ
言葉が"泉のように"湧いてくる体質になる！

書こうとすればするほど、言葉やフレーズが出てこなくなる……。こんな状況は、あなたもきっと経験されているでしょう。焦っているうちに時間がどんどん経ってゆく"悪循環"を断ち切る決め手は？

言葉が"泉のように"湧いてくる⁉

　適当な言葉、表現が浮かばず、文書作成の仕事がたびたびストップしてしまう事態は、ほとんどの方が経験されていると思います。
　原因の第一は、すでに触れてきたとおり「言葉・フレーズ（言い回し）貯金」の残高不足。私たちのアタマの中の日本語データベース「ことばの森」が、肝心のデータ不足のため十分に働いていない状況が考えられます。
　簡単にチェックしてみましょう。たとえば……

NG
①上司に稟議書の決断を求める。
②仕事のミスを大きく反省する。
③誠実な態度にすっかり関心した。

　上記①〜③を読んで、「どこがNGなのか分からない」という方は要注意。朝刊コラムの書き写しを続けるなど、日本語データベース「ことばの森」のメンテナンスに最優先課題として取り組まれることを"強

く"オススメします（098ページをご覧ください）。

OK
①上司に稟議書の**決裁**を求める。
②仕事のミスを**深く**反省する。
③誠実な態度にすっかり**感心**した。

　念のため、簡単に補足しておきましょう。
①稟議書ならば「決断」ではなく「決裁」が普通ですね。
②「反省する」なら「大きく」は通常使われません。「深く」「真摯に」などが（不祥事の謝罪会見でおなじみの・笑）自然な書き方です。
③いわゆる同音異義語で、「関心」は興味を持つこと。感動・感服の意味なら「感心」ですね。
※もちろん、①②については「稟議書」「反省」のほうを見直す方法もあります。

　前記の【NG】文を一読してすぐに【OK】文が浮かぶ──。このときに「稟議書ならば→決裁」「反省なら→深く」……と、機能しているのが日本語データベース「ことばの森」です。
　十分な「言葉やフレーズのデータ」を備えた「ことばの森」が瞬時にフル回転するようになれば、文章を書く際に言葉や表現を選び出す時間を大幅に短縮できます。
　たとえば、文章を書いていて「この言葉に代わる、もっと分かりやすい表現は？」と考えたとき、すぐに複数の候補が浮かんでくるようであれば、あなたは「言葉が"泉のように"湧いてくる体質」を手に入れているといえるでしょう。この体質こそが文章を書くうえで"最速・最強の武器"であることは、言うまでもありません。

「知っている言葉」を「使える言葉」に

　文書作成の仕事がたびたび中断してしまう、もうひとつの原因に「実践不足」があります。言葉や文章を的確に扱い、仕事で使えるレベ

ルの文書をコンスタントに生み出していくには、やはり知識だけでは不十分なのです。それなりの経験が必要になることは、説明するまでもないでしょう。

ところが私たちの大半は、「初めて書いた"まとまった"文章はエントリーシート」という程度の経験値しかない状態で、いきなり社会へ出るわけです。

その後、仕事の現場や同僚・先輩とのコミュニケーションなどを通じて新しい言葉やフレーズ（言い回し）を徐々に身に付けていくことでしょう。あるいはこの本を読んで「朝刊コラムの書き写し」をさっそく始めた方もいらっしゃるかもしれません。

しかし、そうして得た新たな語彙は、まだ「知っている言葉」の段階。いわば「仮免許」のレベルで、いきなり高速道路（＝実社会）でエンジン全開！とはいかないのです。

文章を書く経験を積むことは、手に入れたばかりの「知っている言葉」を、いつでも自在に繰り出せる「使える言葉」へとバージョンアップしていく過程でもあります。

> 知っている言葉
> ＝手に入れたばかり。その都度調べなくては（漢字を）書けないくらいのレベル
> ↓文章を書く場数を踏む、経験値を増やす
> 使える言葉
> ＝すっかり"心身になじんでいる"状態で、何も調べずに書けるくらいのレベル

こうして場数を踏みながら身に付けた言葉はとても貴重です。あなたが発した後も、十分な経験値に裏付けられた"分身"として、相手に力強くメッセージを届ける役割を果たしてくれるのです。

確実に経験を積むためにできること

　「実践不足」を確実に解消するには、手に入れた言葉やフレーズを駆使して文章を組み立てる機会を意図的に増やすことが必要です。吸収する（インプット）だけではなく、常にアウトプットを意識していきましょう。

　オススメは、「朝刊コラムの書き写し」と併せて、自分なりの「感想・意見」を100字程度で書いてみることです。書き写しによって手に入れた、新たな言葉やフレーズをデビューさせる格好の機会でもあります。

　朝刊コラム約600字の書き写しを「朝30分の習慣」とし、コラムに対する感想・意見100字を「夜30分の習慣」にできれば、あなたの文章力が（間違いなく！）仕事の武器になってくれます。ハードルが高い分、大きなリターンをもたらしてくれるのです。

　「さすがに、そこまではキビシイ」という方には、私自身が実践している方法をご紹介しましょう。

　ノート、あるいは手帳を1冊用意して、その日に起きた「うれしかったこと」を書きとめていくのです。時間がなければ短い一文だけでもOK。文章を書く実践～「アタマの中身を文章としてアウトプットする」を習慣にすることが狙いです。これも継続によって、確実な経験値アップにつながります。

POINT

- 言葉が"泉のように"湧いてくる体質こそが、文章を速く書く"最強の武器"。
- 文章を書く実践を通じて、「知っている言葉」を、自在に繰り出せる「使える言葉」に。
- 経験値を増やすには、その日に起きた「よかったこと」を書きとめる習慣から。

05

ついつい先延ばししてしまう人へ
メモの活用〜印象が鮮烈なうちに書く

報告書や議事録作成は、多くのビジネスパーソンがまずクリアすべき課題ですね。ここでは私が編集者、ライターとして実践してきたことをご紹介していきます。ピンとくることがあれば、ぜひ"いいとこ取り"してみてください！

印象が鮮烈なうちに着手する

　出張、面談の結果や会議の記録などを文書にして残す――。とくに経験の浅い若手の皆さんには、あまり得意ではない仕事のひとつかもしれません。

　ここでは私が編集者、ライターとして実践してきたことをご紹介していきます。「これは使えそう！」というアイデアがあれば、ぜひ活用してみてください。

　インタビューした内容を雑誌などの記事にしてきた経験から、最も強調したいのは次の点です。

> ・着手が遅れると、作業そのものに余計な時間がかかる。
> ・早く着手すれば、確実な「時短」につながる！

　報告書、会議録などの作成を先延ばしにしていると、単に作業開始時期が遅れるだけではなく、作業効率的にも明らかなマイナスです。時間が経てば経つほど、記憶をたどる負担が大きくなるからです。

　たとえば、夕食のメニューを昨夜分から1日ずつさかのぼって書き

出してみるとしましょう。2日前、3日前……と時間の経過にともない、思い出すこと自体が難しくなるのは当然ですね。

印象や記憶が鮮明なうちに（とにかく！）着手する。これは本書のテーマのひとつ「速く書く」うえで外せないポイントです。

ボイスレコーダーよりメモ帳が有能!?

編集者やライターの"七つ道具"のひとつにボイスレコーダーがあります。インタビュー取材のときには2台用意し、どちらかが不調でもカバーできるようにする──など、まさに"分身"のような存在。打ち合わせや会議の記録を残すために、皆さんもスマホのボイスレコーダー・アプリをお使いかもしれませんね。

では、取材が終わって原稿を書く際、編集者やライターは録音データをどのように使うでしょうか？　これはあくまでも"私の場合"ですが、30分～1時間程度の取材であれば、録音内容をすぐに聞き返すことは、まずありません。それは……

> 印象や記憶が鮮明なうちであれば、録音を聞き返すよりもメモを頼りに書き始めてしまうほうが、仕事が速い！

という経験則からです。録音したデータは、もちろん時間があれば聞き返しますが、通常は固有名詞や数字、発言の細かいニュアンスの確認──などが主な活躍場所となります。

メモを取る際に気をつけるべきポイントは、次の2つです。

> ①メモを取る目的は、思い出す"きっかけ"を残すこと。
> ②そのために必要なのは、固有名詞、数字、日時、重要な発言などのキーワード。

文書を作成する際に必要なキーワードを記録しておくことがメモの役割。社内の会議やミーティングであれば、パソコンを持ち込むケー

第7章　"お悩み別"速く書くための5つの視点

スが多くなりましたが、紙の上のメモと"原理"は変わりません。

「メモ」プラス「集中力」が速い仕事を生む

　ミーティング、会議などに"集中して"参加していれば、キーワード周囲の情報は無理なく浮かび上がってきます。たとえば……

> 【A】
> 来年4月のプロジェクト始動をめざし、1月下旬から30人体制で準備を始めることにする。

　という内容であれば、「4月〜」「1月下〜」「30人」と、3つのキーワードを押さえておけばOK。印象や記憶が鮮明なうちであれば、問題なく【A】に復元できるはずです。
　また、メモの中ではキーワードとキーワードの関係を示す「矢印」や「線」が活躍します。たとえばこの場合……

> 4月〜
> 　↑
> 1月下〜　──　30人

　このようなメモが取れれば、よりスピーディーな仕事につながります。あわせてボイスレコーダーも活用し、内容の確認を行えばさらに安心です。

　反対に、ミーティングや会議の最中はボイスレコーダーに任せっきりでメモも取らず、終了後、録音内容を一度すべてテキストに起こして……という方法は、経験的に「最悪」のパターン。
　集中して参加し、メモを取る前述の方法よりも多くの時間を要する結果となるのは明らかです。今後、音声認識〜テキスト化のレベルがさらに上がっても、この差はあまり縮まらないと私は思います。

メモの失敗でよくあるのが、「細かく丁寧にメモしようと思っているうちに、肝心なキーワードを聞き（書き）逃してしまう」という事態。とくに真面目、几帳面なタイプの方は要注意です。
　さまざまな現場で的確にメモを取るには、ある程度の"場数"が必要になります。しかし、「キーワードを押さえる」という基本を徹底していけば、すぐにコツがつかめるはずです。

移動中にキーワードを書き出し、自分宛にメールを

　この項の最後に、私たちが今日からすぐに実行できることをご紹介しておきましょう。それは……

> 帰りの電車の中で重要なキーワードを選び出し、自分にメールを送っておく。

　「早い着手が効率アップにつながる」のは、ご紹介したとおりです。たとえば出張の報告書を作成するのであれば、印象や記憶が"間違いなく"鮮明な帰路、移動中に着手――がオススメです。
　書きとめたメモ、録音データなどから、文書を作成する際にポイントなるキーワードを選び出し、自分宛にメールを送っておくのです。これだけで、後の作業が心地よくはかどります！

POINT

- 着手の遅れは印象、記憶が不鮮明となり、仕事の速度低下の原因に。
- メモするのはキーワード。数字、固有名詞、日時、重要な発言などを中心に。
- 出張などの帰路は記憶も鮮明で、キーワードを整理するチャンス！

06

いつもゼロから書こうとしている人へ
アイデア次第で効率化できること

この章の最後に、筆者が"時短"のために実践している「小ネタ」をご紹介します。すでに世の中に出回っているものがほとんどですが、お役に立てるものがあれば、"あなた流"にアレンジして活用してみてください。

【1】「逃したアイデアは大きい」を防ぐ！
　　　オススメ度 ★★★★☆

ひとつのテーマに取り組んでいると、集中して考えているときよりも、フッと気を抜いたときにアイデアが"降ってくる"のはよくあること。とくにリラックスできる入浴中がゴールデンタイムという方も多いことでしょう。こうして浮かんだアイデアをムダにしないよう、今日から（！）手の届くところに筆記用具を備えておきましょう。

いちばん悔しいのは、「よいアイデアが浮かんだ！」ことは覚えていても、その中身を思い出せない事態——。さらに、忘れてしまった内容を思い出すための時間とエネルギーほどムダなものはありません。

わずか数センチ四方の紙切れと鉛筆1本を置いておくだけで、極めて優秀な"時短テク"になり得るのです。

【2】テキスト起こしの神器！
　　　オススメ度 ★★★☆☆

ボイスレコーダーで録音したデータからテキストを起こす作業を経験された方は、聞いて→止めて→書いて→戻して→聞いて→止めて→書いて……の繰り返しにウンザリされたことでしょう。ボイスレコーダーの操作とテキストを起こす作業の両方を「手」で行っていては、

効率は上がらず、気分が下がるばかり。

　こうした作業を繰り返し担当される方には、思い切って「フットスイッチ」に設備投資されることをオススメします。筆者も愛用していますが、威力は絶大!　決して安価ではありませんが、"時短"効果ですぐに元は取れる──が実感です。検索は「文字起こし　フットスイッチ」で。

【3】古くて新しい定番テク～単語登録
　　　　オススメ度 ★★★☆☆

　これは、おそらく皆さんお使いだと思います。メールの文面によく登場する「決まり文句」を登録しておくだけでも、確実な"時短"につながります。「単語登録を利用したことがない」という方は、以下のあたりからスタートし、"時短"への貢献度、便利さを実感してみてください。すべてを「ゼロから書く」状況と比べれば、その差は歴然です!

> たい ──→ たいへんにお世話になっております。
> ごれ ──→ ご連絡いただきまして、ありがとうございます。
> よろ ──→ 今後ともよろしくお願い申し上げます。……etc.

　最大の注意点は、パソコンの買い換えなどの際、辞書のバックアップを忘れてしまうこと。長く使い慣れた「単語登録データ」を失う衝撃はまさに"激痛"です。内容のエクスポート(バックアップ)をお忘れなく!

【4】文書作成と筆記試験の共通戦略とは?
　　　　オススメ度 ★★★★☆

　試験問題に取り組むときの鉄則に「できる問題から」があります。難問に挑戦しているうちに時間がなくなり、"楽勝"の問題に手が回らなかった──という痛恨の事態を避ける知恵ですね。

　これを文章を書く際にも、活用していきましょう。「書けるところから書く」は有力な"時短テク"のひとつ。文章は「最初から順番に書く」必要は一切ありません。書きやすい、アタマの整理がしっかりできて

いるところから着手すると、スイスイとリズムよく進めることができ、全体の"時短"にもつながります。

【5】デコレーションは最後にまとめて
　　　オススメ度 ★★★☆☆

　表計算ソフトで「表」を作りながら、こんなことで"腹を立てた"経験、ありませんか？

　「テキストをコピー＆ペーストしたら表の罫線が乱れてしまい、最初からやり直した！」

　同じことは文章でも起こります。そこで……

> ・本文、見出しの書体や文字サイズ
> ・強調、斜体、文字色など
> ・アンダーライン、ケイ囲みなどの加工

　これらは本文を書き終えた段階で、まとめて指定していきましょう。何度も手間をかけることなく、統一感のある美しい仕上がりになります。

【6】自分だけが理解できる「暗号」を使う
　　　オススメ度 ★★☆☆☆

　これは書く前の段階、メモを取るときに試してみてほしいことです。自分以外の人は読まないメモ書きであれば、こんな「暗号」めいた略語を使うことによって、確実なスピードアップが図れます。

　以下にご紹介したのは、編集者として扱ってきたテーマのひとつである「環境問題」のインタビューに頻出した用語。あなたの専門分野で、ぜひオリジナルを生み出してみてください。

> 環境問題 ──→ KM
> 地球環境問題 ──→ TKM
> 地球温暖化 ──→ OD

> オゾン層の破壊 ──→ OZ ……etc.

前項（150ページ）でも述べたとおり、印象・記憶が新鮮なうちなら、これらと固有名詞、数字だけでも十分な「素材」となります。

【7】速く書くための「王道」
　　　オススメ度 ★★★★★

"出来レース"のようで気が引けるのですが、直前の項目でもお伝えした「言葉が"泉のように"湧いてくる体質」に勝るものはありません。そのためには、1にも2にも「ことばの森」を育てること。そして、多くの場数を踏み、「使える言葉」として経験値を高めておくことです。

【8】必要な資料をそろえ、書く内容を決める
　　　オススメ度 ★★★★★

料理を始めてから、必要な材料を買い忘れていたことに気づき、慌てて買い足しに行く──。こんな屈辱的な経験をされた方もいらっしゃるでしょう。こうした悲劇の当事者になると、「自分の段取りの悪さ」に腹が立ちます。

文章を書くとき、同じ失敗をしないようにするには、必要と思われる資料を手もとにそろえておくこと。「いざ使うとなってから探す」方法とは、作業効率の差が大きく開きます。

加えて、書く内容〜あらすじを固めてから着手することも最強クラスの"時短テク"です。書きながら立ち往生を繰り返していては、いくら時間があっても足りません。この本でご紹介した「PREP法」（138ページ）をぜひ、活用してみてください。

| あとがき | 「センスとは、読み手について考え抜くこと」

最後までお読みいただきまして、ありがとうございます。ここまで到達されたあなたのアタマの中では、「なんか、書けそう」「書けるかもしれない」……など、得体の知れない"ざわめき"が起きているのではないでしょうか。その"ざわめき"こそが、さらに上を目指す原動力。ホットな気分が冷めないうちに、次の行動を起こしていきましょう。

次の行動とは、各章でご紹介した「書くためのコツ」を実際に活用すること、そして第5章でお話しした「朝刊コラムの書き写し」を始めてみることです。

各地で研修、講演などを続けながらとくに感じるのは、アタマの中の日本語データベース「ことばの森」の大切さです。その人がどれほどの「言葉やフレーズの貯金」を持っているかが、結局のところ「書ける人／書けない人」を分ける大きな要因。表現は少々荒っぽいのですが、「書き写し、始めたモン勝ち！」が実感です。

この本にも登場していただきましたが（104ページ）、筆者の「ことばの森」の話をきっかけに書き写しをスタートされ、その後2年、3年と続けている方がいらっしゃいます。私の知り得る限り、そうした方々に共通するのは、それぞれの分野で一流の仕事をされていること。逆に言えば、一流への道を歩みたいとお考えの皆さんには、今日からスタートされることをオススメします。

「ことばの森」の出番は「書く」ときだけではありません。「話す」「考える」を含めた総合的な司令塔として機能します。一流の仕事を志すのであれば、それをサポートする「一流のデータベース」へのバージョンアップが必須なのです。

◆

「センスのよい文章」を「なるはやで書く」をテーマに1冊分の原稿

あとがき

をまとめる作業――。当初かなりの時間を要したのが、実は「センスのよい文章とは？」という企画趣旨そのものの整理でした。

この本では「読み手が心地よく感じる文章」と、ひとまず"まち針で仮止め"してはみたものの、もともと「センスのよい文章」の定義など、どこにもありません。テーマについて自問自答を重ねながら、少しでもお役に立てる内容をお届けできるよう、書き進めてきたところです。

改めて「センスのよい文章」を書くために最も重要なポイントをあげれば、それは間違いなく「読み手について考え抜く」ことです。センスの良しあしは常に相手が決めるのですから、自分の主張や都合だけで書かれた文章が「センスのよい文章」になる確率は極めて低いと言わざるを得ません。

読み手について考え抜き、その人がいま読みたいと思う文章を書くこと。当たり前のようですが、心地よく感じてもらうには、これが出発点であり、同時にゴールなのだと思います。

◆

最後になりますが、脱稿予定を半年以上もオーバーしてしまったにもかかわらず、いつも笑顔で迎えてくださった日本能率協会マネジメントセンター出版事業本部の柏原里美さん、本年1月から刊行までの仕上げを担ってくださった同本部の新関拓さんに心から感謝申し上げます。

2019年6月
赤羽博之

【著者プロフィール】
赤羽 博之(あかばね・ひろゆき)
1956年生まれ。伝わる文章の書き方 講師。フリー編集者&ライター。耕文舎 代表。
早稲田大学卒業後、出版社に8年間勤務。メーカー系制作会社などを経て1999年、フリー編集者に。生活情報誌の編集長時代(2002〜08年)には、雑誌6600ページ分の原稿に"愛の赤ペン"をふるう。
2007年から講師としての活動をスタート。ライター・エディタースクール「LETS」(リビング新聞グループ主催)をはじめ、朝日カルチャーセンター、企業・団体研修、各地でのセミナーなどで、「相手の心に届く文章」の書き方を伝える。
年間登壇105日(2017年7月〜18年6月)。一人ひとりと丁寧に向き合う、"書きたくなる"指導に定評がある。

●公式サイト
「書きものNavi.」
https://www.kakimono-navi.jp/

●フェイスブック
著者の最新情報をリアルタイムで更新。
https://www.facebook.com/hiroyuki.akabane

●ご意見ご感想、お問い合わせはこちらへ。
info@ko-bunsha.jp

きちんと伝わる! センスのよい文章の書き方

2019年6月30日　初版第1刷発行

著　者——赤羽 博之
©2019 Hiroyuki Akabane
発行者——張　士洛
発行所——日本能率協会マネジメントセンター
〒103-6009　東京都中央区日本橋2-7-1 東京日本橋タワー
TEL　03(6362)4339(編集)／03(6362)4558(販売)
FAX　03(3272)8128(編集)／03(3272)8127(販売)
http://www.jmam.co.jp/

装丁————三森健太(JUNGLE)
本文DTP——株式会社明昌堂
印刷所————シナノ書籍印刷株式会社
製本所————株式会社宮本製本所

本書の内容の一部または全部を無断で複写複製(コピー)することは、法律で認められた場合を除き、著作者および出版者の権利の侵害となりますので、あらかじめ小社あて許諾を求めてください。

ISBN 978-4-8207-2724-8　C2034
落丁・乱丁はおとりかえします。
PRINTED IN JAPAN